Eberhard Platte **Mutig erziehen!**

Eberhard Platte

Mutig erziehen -

von Familien der Bibel lernen

Impressum

edition als christ leben
Gesamtgestaltung: Eberhard Platte
Internet: www.als-christ-leben.71a.de
Druck: Ueberreuter, Korneuburg

Widmung

Für Erika,
die beste Ehefrau von allen,
und für meine leiblichen
und geistlichen Kinder

„Du nun ...
sei stark in der Gnade,
die in Christus Jesus ist;
und was du von mir
in Gegenwart vieler Zeugen
gehört hast,
das vertraue treuen Menschen an,
die tüchtig sein werden,
auch andere zu lehren!"
2.Timotheus 2,1-2

und für die Gemeinde
in Wuppertal-Barmen
www.wir-christen.de

„Damit du weißt,
wie man sich verhalten muß
im Haus Gottes,
das die Gemeinde
des lebendigen Gottes ist,
die Säule und Grundfeste
der Wahrheit."
1.Timotheus 3,15

Weitere Bücher in dieser Reihe:

- **„Fütter den Adler!“**
  (Wie kann ich siegreich leben?)
- **„Lehre uns beten, Herr!“**
  (Gedanken zum „Vaterunser“)
- **Vergebung ist mehr ...**
  (Wie geschieht echte Versöhnung?)
- **Unsere Ehe soll noch besser werden!**
  (Zu Besuch bei Ehepaaren der Bibel)

- **Gemeinde im Aufbruch!**
  (Zu Besuch in Gemeinden der Bibel)
- **Einführung in die biblische Seelsorge**
  (Psychotherapie und biblische Seelsorge)
- **Leben auf dem Pulverfass?**
  (Wie gehen wir mit unseren Gedanken um?)
- **Heiße Eisen in den Gemeinden**
  (Heikle Fragen - klar beantwortet)

- **Mutig erziehen -**
  (von Familien der Bibel lernen)
- **Sprechstunde bei Jesus**
  (Der Sohn Gottes als Seelsorger)
- **Kennst du Jesus wirklich?**
  (Wer war er, und wie war er?)
- **Darüber spricht man nicht ...**
  (Tabuthemen in Gemeinden)

- **Wenn euch eure Kinder fragen ...**
  (Die Botschaft der Bibel kindgemäß vermitteln)

Die Reihe wird fortgesetzt.

Inhalt

Vorwort

Da spielen einige Kinder im Hinterhof „Vater, Mutter, Kind“. Es geht um die Verteilung der Rollen. „Nein“, sagt Sascha, „ich bin nicht das Kind; da muss ich ja nur tun, was ihr wollt. Ich bin der Vater!“ - „Pa“, wirft Ines ein, „du willst ja nur faul im Sessel sitzen und dich bedienen lassen!“ – Welches Bild haben unsere Kinder von der Rolle der Erziehenden? Wenn wir in die heutigen Schulbücher schauen, werden wir erschrocken sein, welches Bild von Vater und Mutter vorgestellt und unseren Kindern vermittelt wird. Das Bild von Pascha und Dienstmagd ist immer noch das gängige Strickmuster. Wird dieses Bild auch von den christlichen Familien vermittelt? Welches Vorbild zeigen wir unseren Kindern und den Freunden unserer Kinder? Wir haben die Chance, die nächste Generation zu prägen und ihr Werte mitzugeben, die ihr Leben tragfähig machen werden. Um diese Werte weitergeben zu können, brauchen wir selbst Vorbilder und Maßstäbe, die wir in der Bibel, dem Wort Gottes, finden können.

Wie haben die Familien der Bibel gelebt? Wie haben sie ihre Kinder erzogen? Was können wir heute von ihnen lernen und wie können wir unsere Kinder zu dem hin erziehen, der sie uns anvertraut hat - Gott? Dieses Buch möchte uns mithineinnehmen in den Alltag der Familien, die in der Bibel beschrieben werden, um von ihren Situationen, Nöten und Erfahrungen zu lernen. Wir werden merken, dass sich die eigentlichen Erziehungsprobleme nicht wesentlich verändert haben, auch wenn unsere Vorfahren noch kein Internet, SMS, Gameboy oder DVD kannten. Warum sollten wir ihre Fehler wiederholen?

Eberhard Platte, Wuppertal, Sommer 2003

1.

Erziehen wir unsere Kinder falsch?
Das biblische Prinzip der Erziehung

„Versammle das Volk, die Männer und die Frauen und die Kinder und deinen Fremden, der in deinen Toren wohnt, damit sie hören und damit sie lernen und den HERRN, euren Gott, fürchten und darauf achten, alle Worte dieses Gesetzes zu tun! Und ihre Kinder, die es nicht wissen, sollen zuhören, damit sie den HERRN, euren Gott, fürchten lernen alle Tage, die ihr in dem Land lebt." 5. Mose 31,12-13

Beispiele mitten aus dem Leben

Vier Kinder (12, 10, 8, 5) sitzen mit ihren Eltern am Abendbrottisch. Ein Besucher ist auch anwesend. Vater liest neben seinem Teller den Sportteil der Tageszeitung. Die Mutter ist genervt, tadelt die Kinder, die Spielsachen und Comics neben ihren Tellern haben. Sie schaut immer wieder auf die Uhr und mahnt zur Eile, da abends Bibelstunde in der Gemeinde ist. Der älteste Sohn (15) kommt herein, knallt seine Tasche in die Ecke, zieht einen Stuhl knarrend zum Tisch und mault über das Essen. Der Vater - ohne aufzublicken: „Ruhe!" Die Mutter, zum Vater gewandt: „Heinz, sag doch mal was!" Der Sohn schnauzt dazwischen: „Nerv mich nicht, ich bin mies drauf!" ...

2. Die Tochter (16) kommt in die Küche, wo die Mutter am Herd steht: „Mutti, darf ich ins Kino?" - „Frag Vati." - Die Tochter steckt den Kopf zum Wohnzimmer rein: „Vati, ich geh ins Kino!" - „Kommt gar nicht in Frage!" - „Wieso nicht?" - „Dazu brauch ich dir keine Erklärung geben! Ich hab gesagt: Kommt nicht in Frage! Basta! Verstanden?!" - „Aber alle anderen gehen auch!" - „Das heißt noch gar nichts! Wir sind Christen, und da gibt's das nicht!" - „Aber Vati, alle anderen im Teenykreis dürfen es auch. Sind das keine Christen?!" - „Schluss jetzt! Ich will, dass du gehorsam bist!" - „Vati, alle sagen, wir seien gesetzlich und antiquiert!" - „Geh doch! Mach, was du willst!" ...

3. Tobi (5) ist zornig. Er will seinen Teller nicht leer essen. Mutter ermahnt ihn: „Muss ich dich füttern?" - „Nein!" Tobi will aufstehen. Mutter verbietet es ihm. Er wirft den Löffeln auf den Boden. Mutter hebt ihn auf und besteht darauf, dass er seinen Teller leer isst. Er steckt einen Löffel in den Mund. Die Mutter atmet erleichtert auf, weil sie meint, dass er auf sie hört. Da dreht er sich plötzlich um und stößt dabei mit dem Ellbogen den Teller runter ...

4. Familie B. hat Besuch. Nach dem Essen sitzen sie noch am Tisch und unterhalten sich. Die Kinder spielen im Nebenzimmer. Die kleine Steffi ($2^1/_2$) kommt und will Süßigkeiten haben. Mutter verneint und schickt sie wieder ins Zimmer nebenan, aber die Kleine bettelt weiter. Die Mutter kümmert sich nicht drum und unterhält sich weiter mit dem Besuch.

Steffi zieht am Tischtuch, stampft mit dem Fuß auf, schreit, wirft sich auf den Boden und plärrt laut. Die Mutter steht auf, zerrt das Kind hoch, geht mit ihm in die Küche, holt dort Süßigkeiten und verteilt sie an alle Kinder. Dann wendet sie sich wieder dem Besuch zu. Nach 2 Minuten ist Steffi wieder da ...

5. „Hi, Paps, ich hab' heut null Bock auf Gemeinde. Versteh' eh nichts von dem, was da gesagt wird." Mike sieht seinen Vater herausfordernd an. Er weiß genau, wenn er lang genug quengelt, wird Vati resigniert nachgeben. Der hat nämlich genug Stress im Beruf und ist froh, wenn er jedem Ärger aus dem Weg gehen kann. Mama wäre da schon hartnäckiger. Aber wenn er Papa rumkriegt, wird auch Mama sicher nachgeben ...

Bei allen Beispielen ist die Frage: Wer erzieht hier eigentlich wen? Vielleicht ist die Situation in Ihrer Familie nicht so krass wie in den vorgenannten Fällen, aber leider erziehen auch in manchen christlichen Familien die Kinder ihre Eltern. Schließlich haben sie die stärkeren Nerven und sie haben in der Schule gelernt, ihre Argumente durchzusetzen.

Nein, Kindererziehung ist kein Kinderspiel!

Das wissen Eltern, Lehrer und Großeltern zur Genüge aus der täglichen Herausforderung mit der nächsten Generation. Muss das so sein? Und woher kommt das?

Die meisten Eltern fangen ganz blauäugig nach dem Motto an: „Wird schon schief gehen ..." Und dann wundern sie sich, dass es schief geht. Es ist schon merkwürdig: Für jeden Beruf macht man eine Ausbildung. Was würden wir davon halten, wenn Lehrer oder Kindergärtnerinnen ohne Ausbildung auf unsere Kinder losgelassen und nach ihrem Gutdünken handeln würden? Aber die eigentlichen Erzieher der Nation, die leiblichen Eltern, bleiben „Amateure“ und betreiben Erziehung ganz nebenbei wie ein tägliches Glücksspiel. Doch eine Erziehung, die man aus dem Ärmel schüttelt, ist eine ärmliche Erziehung.

Gott dagegen nimmt die Erziehung der Kinder sehr ernst und wir tun gut daran, uns ernsthafte Gedanken darüber zu machen, bevor „das Kind in den Brunnen gefallen“ ist.

Kinder sind eine Gabe Gottes (Psalm 127,3)

Ist uns bewusst, dass unsere Kinder nicht Produkt oder Besitz ihrer Eltern sind? Genauso wenig sind sie Zufall der Natur, auch wenn sie vielleicht keine geplanten Wunschkinder sind.

Ist uns bewusst, dass Gott uns mit unseren Kindern ein überaus wertvolles „Material“ anvertraut? Er gibt sie uns leihweise. Biologisch gesehen sind Menschen „Nesthocker“. Sie benötigen im Gegensatz zu vielen Tierarten eine sehr lange Zeit der Nestwärme, des Umhegt- und Umsorgtseins, bevor sie „flügge“ werden. Gott vertraut uns unsere Kinder für eine Zeit von etwa 20 Jahren an; dann müssen wir sie in die Selbständigkeit loslassen.

Das bedeutet aber auch, dass wir sie in dieser Zeit prägen sollen im Sinn dessen, der sie uns geliehen hat. Wir haben unsere Erziehung an unseren Kindern deshalb Gott gegenüber zu verantworten.

Daraus ergibt sich aber auch, dass wir uns Gedanken darüber machen müssen, welche Ziele wir in der Erziehung verfolgen und welche Werte wir vermitteln wollen. Das bedeutet, dass wir bereits vor der Geburt unserer Kinder bedenken müssen, wie und wohin wir sie erziehen sollen. Gott sagte von Abraham – lange bevor Isaak geboren wurde:

> *„Ich habe ihn erkannt, dass er seinen Söhnen und seinem Haus nach ihm befehle, dass sie den Weg des Herrn bewahren."* 1. Mose 18,19

Das macht deutlich, dass Kindererziehung nicht nur eine Vermittlung von Regeln, sondern eine Herzenseinstellung des Erziehers ist.

Wir werden uns in diesem Buch an etlichen Stellen damit beschäftigen, dass wir als Eltern für die Erziehung verantwortlich sind, die wir unseren Kindern mitgeben. Wenn wir sie nicht erziehen, werden andere es tun. Deshalb muss uns auch klar sein, dass es in unserer Verantwortung liegt, wem wir unsere Kinder anvertrauen, um ihnen schulische Bildung und Erziehung zu vermitteln. Ursprünglich war die Erziehung in unserem Kulturkreis stets das Anliegen der Christen gewesen. Denken wir an die Bemühungen im Bereich des Schulwesens von Martin Luther, August Hermann Francke, Comenius, Georg Müller, Karl Duisberg, um nur einige zu nennen. Doch wir Christen haben diesen Erziehungsauftrag Gottes an den Staat delegiert. Wundert es uns da, dass das christliche Abendland unterging? Die Folge ist, dass die heutige Generation nicht mehr nach dem biblischen Menschenbild erzogen wurde, sondern als Maßstab ihres Lebens das Menschenbild des Humanismus und der Aufklärung, der Relativität und der Wertelosigkeit hat. Hier liegen die Ursachen des moralischen, ethischen, kulturellen und religiösen Verfalls unserer Generation.

Uns Christen muss klar werden, welche Verantwortung uns Gott in Bezug auf die nachfolgende Generation gegeben hat. Lasst uns in unseren Familien anfangen, neu über Ziele, Werte und Wege der Erziehung nachzudenken.

„Was nützt alle Erziehung, die Kinder machen ja doch alles nach ...“

Diese Aussage eines genervten und resignierten Vaters macht auf der einen Seite die ganze Problematik der Erziehung deutlich, zeigt aber eben auch die Chancen der Erziehung auf. Erziehung ist letztlich nicht in erster Linie Dressur anhand eines christlichen Regelwerks, sondern ein mit Belehrung gepaartes Vorbild des Erziehenden. Nicht umsonst sagen die bekannten Sprichwörter: „Der Apfel fällt nicht weit vom Stamm“ und „Wie der Vater, so der Sohn“.

Wir werden in den nachfolgenden Kapiteln Beispiele positiver und negativer Erziehung finden. Aber auch Beispiele, in denen Kinder einer Familie unterschiedlich entwickelten. Wir werden versuchen herauszufinden, warum das so war und was wir daraus lernen können.

Da wären z. B. positive Beispiele wie

Hanna – Samuel (1. Samuel 2),
Amram – Mose, Mirjam und Aaron (2. Mose 2f),
Eunice – Timotheus (2. Timotheus 1,5; 3,15).

Oder negative Beispiele von Vorbild-Erziehung

Lot – seine Töchter (1. Mose 19f),
Manasse – Amon (2. Könige 21,20),
Abraham – Isaak (in Teilbereichen; 1. Mose 13; 26).

Aber auch Beispiele, bei denen in gleichen Familien unterschiedliche Erziehungsergebnisse zu erkennen sind:

Adam – Kain/Abel (1. Mose 4),
Isaak – Esau/Jakob (1. Mose 27ff),
Noah – Sem/Ham/Jafet (1. Mose 9),
David – Salomo/Amnon/Absalom (2. Samuel 13),
Herodes Antipas/Manaen (Apostelgeschichte 13,1).

Daraus ergibt sich natürlich die Frage:

Woher kommt es, dass Kinder häufig nicht so werden, wie ihre Eltern sein sollten?

Wir verspüren oft die Diskrepanz zwischen unserem Wunsch und der Realität der Erziehung. Dazu sollten wir uns aber zunächst ehrlich die Frage stellen: Warum möchten wir eigentlich unsere Kinder zur Gottesfurcht bzw. zu braven, gehorsamen Kindern erziehen?

Ist es nicht so, dass wir es wünschen, um „pflegeleichte" Kinder zu haben? Genießen wir es nicht, wenn positive Rückschlüsse auf uns als Eltern gezogen werden, wenn unsere Kinder „geraten"? Oder möchten wir, dass sie es einmal zu etwas in ihrem Leben bringen? Das sind alles verständliche Gründe, aber Gottes Anliegen für die Erziehung unserer Kinder ist, dass er dadurch verherrlicht, d.h. groß gemacht, wird. Erziehung ist also nicht Selbstzweck, sondern dient der Ehre Gottes.

Das heißt, wir können unsere Kinder nur so weit erziehen, wie wir selbst sind.

Das Wort „erziehen" kommt von „ziehen". Ich kann einen anderen nur bis zu dem Punkt ziehen, wo ich selbst stehe. Ein treffendes Bild dafür ist eine Seilschaft in den Bergen. Der Bergführer kann die Nachfolgenden nur bis zu dem Punkt bringen, wohin er selbst kommt. Er muss immer den anderen voraus sein. Mit einem indischen Seiltrick wird er es nie schaffen, andere vorwärts zu bringen. Wenn ich mein Kind weiterbringen will, als ich selbst bin, kann ich es nur drücken, das aber wäre Er-drücken. Dafür ist mir ein Beispiel aus dem Sportunterricht eine gute Illustration geworden. Unser Turnlehrer hatte das Anliegen, dass jeder Schüler einmal an der

Kletterstange bis ganz oben gelangen könnte. Nun ist ja nicht jeder sportlich veranlagt, und manch einer hing am unteren Ende der Stange wie ein Klammeraffe, der nicht hinaufkam. So schob er diese Kinder mit seiner Hand die Stange hinauf. Zog er jedoch die Hand wieder weg – plumps, war das Kind wieder unten.

Manche Eltern bemühen sich, ihre Kinder vorwärts zu bringen. Ist jedoch die Hand der Eltern nicht mehr da, stürzen diese Kinder ab. Sie sind nicht selbständig geworden. Auch in der Bibel finden wir im Buch der Könige manches Beispiel, wo ein junger König den gottesfürchtigen Weg verlies, sobald sein Erzieher (seine Mutter oder der Priester) nicht mehr die Hand im Spiel hatte.

In manchen Familien, in denen die Eltern keinen eigenen festen Boden unter den Füßen haben, hat man den Eindruck, dass sie mitsamt ihren Kindern im Sumpf des Lebens untergehen. Wir brauchen als Erzieher selbst die tägliche Erziehung durch Gott, damit wir unsere Kinder zu ihm hin erziehen können. Das heißt, wir brauchen festen Boden unter den Füßen, brauchen den Halt des Glaubens in unserem persönlichen Leben, um den uns anvertrauten Kindern Werte, Halt und Glaubensgewissheit vermitteln zu können. Wie gesagt: Ich kann meine Kinder nur so weit bringen, wie ich selbst bin.

Erziehung ist mein Spiegelbild

Ich habe es noch gut vor Augen. Vor Jahren war es an jedem Sonntag das gleiche Bild, wenn ein Vater mit seinem Sohn zur Gemeinde kam. Der Knirps ging immer zwei Schritte hinter seinem Vater her und machte ihn so täuschend echt in seinen Bewegungen nach, dass alle schmunzeln mussten. Der gleiche Schritt durch den Mittelgang des Gemeindesaals, in der rechten Hand die Bibel und das Liederbuch, die gleiche ernste Miene, beide setzten sich genauso hin, das linke Bein wurde über das rechte geschlagen, das Taschentuch aus der Tasche geholt, unter der Nase hergewischt und mit gleichem Schwung wieder in der Tasche verstaut.

Ja, unsere Kinder kennen uns genau und sie machen unser Verhalten oft genauer nach, als uns lieb ist. Ein einfaches Beispiel, das viele wahrscheinlich kennen werden: Meine Frau bat unseren Jüngsten zum wievielten Mal, sein Zimmer aufzuräumen. Seine Antwort kam gelassen: „Schau dir doch Paps Schreibtisch an. Der räumt doch auch nicht auf!" Unsere eigenen Fehler und Schwächen in unseren Sprösslingen wiederzuentdecken, mag uns manches Mal erschrecken. Vor allem, wenn diese Fehler nicht mehr korrigierbar sind, weil wir sie selbst nicht an uns haben korrigieren lassen oder korrigiert haben. Bei der Familie Davids werden wir erkennen, wie tragisch es ist, wenn man den Kindern nichts mehr sagen kann, weil einem der Mund durch eigenes Versagen gestopft ist. Ja, unsere Kinder sind wie ein Spiegel. Deshalb:

Wie sehe ich in Gottes Spiegel aus?

Stellen wir uns einmal ehrlich die folgenden Fragen und versuchen, sie uns offen zu beantworten: Wie steh ich zu Gott und seinem Wort, der Bibel? Wie steh ich zur Gemeinde? Wie steht es mit meiner persönlichen Gottesfurcht? Ich kann von meinen Kindern nur das erwarten, was ich selbst bereit bin zu tun! Wie steht es mit meiner Anerkennung von Autoritäten und der Autorität Gottes? Nur wer sich Autoritäten unterordnet, kann Autorität ausüben, ohne autoritär zu sein.

Wo nehmen wir den Maßstab für unsere Kindererziehung her?

Die meisten Eltern haben sich nie darüber Gedanken gemacht, welche Wertmaßstäbe sie ihren Kindern vermitteln wollen. Vor vielleicht 20 bis 30 Jahren sah man Erziehung als reine Wissensvermittlung an und meinte, man solle seine Kinder wertfrei erziehen, so dass sie sich ihre Werte selbst suchen könnten. Glücklicherweise ist diese Epoche einigermaßen vorbei, da man erkannt hat, dass eine wertfreie Erziehung eine wertlose Erziehung ist. Junge Menschen brauchen Werte. Und jeder Erzieher vermittelt Werte, ob er dies will oder nicht. Diese Werte entsprechen jedoch dann meist dem jeweiligen Zeitgeist: Man macht, was man macht. Und viele christliche Eltern verfahren leider ebenso; vielleicht etwas abgewandelt, dass man tut, was andere Christen auch tun. Das aber ist eine Erziehung, die niemals dem Anspruch Gottes gerecht wird. Ich kann und darf nicht nach einem Gummimaßstab erziehen, der die Eckpunkte der Erziehung den jeweiligen Gegebenheiten anpasst. Lob und Tadel müssen ihre Maßstäbe im unveränderlichen Wort Gottes haben. Das Buch der Sprüche gibt uns hier eine Fülle von guten Ratschlägen.

Wann soll man mit der Erziehung anfangen?

1. *Gottgewollte Erziehung beginnt* mit der Wahl des richtigen Ehepartners. Jedem Ehepaar sollte bewusst sein, dass Gott nicht nur der Dritte im Bunde sein muss, sondern der absolute Mittelpunkt der Ehe und Familie. Stellen wir uns gemeinsam die Fragen nach den gleichen Erziehungszielen, Erziehungswegen und biblischen Maßstäben für unsere Erziehung!

2. *Gottgewollte Erziehung beginnt* mit unserem uneingeschränkten JA zur biblischen Schöpfungsordnung. Bin ich als Frau die Gehilfin meines Mannes (1. Mose 2,18) und nicht die Dienstmagd? Bin ich als Mann der liebende und versorgende Vater – und nicht der Pascha?!
3. *Gottgewollte Erziehung beginnt* mit dem gemeinsamen JA zum Kind. Kinder sind eine Gabe Gottes (Psalm 127,3). Damit beginnt aber auch ein unbedingtes JA zu den Aufgaben in der Familie als Vater und als Mutter. Familie kann nicht nebenbei gelebt werden! Wir müssen uns darüber klar sein, was die Prioritäten und Ziele in unserem Leben sein sollen.
4. *Gottgewollte Erziehung beginnt* bereits vor der Geburt der Kinder! Sie ist eine Herzenseinstellung, die um die Verantwortung gegenüber Gott und den Kindern weiß.
5. *Gottgewollte Erziehung beginnt* jeden Tag neu auf den Knien, d.h. im gemeinsamen Gebet der Eltern!

Kinder-Erziehung ist nicht Hand-, sondern Kniearbeit!

Wie sieht dein tägliches Gebetsleben aus? Pflegst du gemeinsam mit deinem Ehepartner den regelmäßigen Umgang mit deinem Herrn und Gott? Wie könnten wir sonst unseren Aufgaben und Verpflichtungen als Eltern nachkommen, wie könnten wir sonst unsere Nachkommen zu Gott hin erziehen, wenn wir sie nicht jeden Tag unserem Herrn im Gebet anbefehlen könnten, wenn wir ihm nicht unsere Fehler bekennen könnten und durch sein Wort und den gegenseitigen Austausch Korrektur in unserem Leben erfahren würden. Ich kann nur Mut machen, als Eltern regelmäßig miteinander zu beten. Denn bei aller Verantwortung, die wir als Eltern haben, ist es allein die Gnade Gottes, die uns hilft. Ich werde nicht die Aussage meines Vaters vor seinem Sterben vergessen: „Ich bin Gott von ganzem Herzen dankbar, dass er trotz meiner Erziehung, etwas aus meinen Kindern gemacht hat."

Erziehen - wie macht man das?

Als Manoach, der Vater Simsons, vor der Geburt des verheißenen Sohnes Gott fragt, wie er den Jungen erziehen solle, gibt Gott ihm zur Antwort, wie er selbst leben soll (vgl. Kapitel 12). Das macht deutlich, dass Erziehung in erster Linie Vorbild ist.

Salomo drückt es so aus:

> *„Das Endergebnis des Ganzen lasst uns hören: Fürchte Gott und halte seine Gebote, denn das ist der ganze Mensch."* Prediger 12,13

Lass dich selbst von Gott erziehen, nur so wirst und bleibst du ein glaubwürdiges Vorbild deiner Kinder. Vergiss nicht deine eigenen Fehler und Schwächen, aber in der Abhängigkeit von deinem Herrn.

Bete darum, dass Gott deine Kinder gebraucht. Bereite ihnen den Weg dazu. Gehen müssen sie ihn selbst. Bedenke, welche Ehre es ist, Kinder – von Gott geschenkt und anvertraut – für Gott zu erziehen.

Was, wenn wir schuldig geworden sind?

Wie trostvoll ist es zu wissen, dass wir in Buße, Bekennen und Umkehr einen Neuanfang mit unserem Herrn machen dürfen. Werde ein Vater, eine Mutter mit einem konsequenten Heiligungsleben und einem frohen Vorbild.

Was, wenn wir Vorbilder waren, aber unsere Kinder nicht den Weg des Herrn gehen?

Wir sollten als Eltern so leben und erziehen, als wenn alles allein von uns abhinge; aber bei allem bleibt dies bestehen: Das Ergebnis unserer Erziehung ist und bleibt Gnade, Gnade, Gnade. Wir haben das Vorrecht, weiter für unsere Kinder zu beten. Jeden Tag neu. Ihr Weg ist ihre Verantwortung vor Gott. Aber Gott kann Gnade geben, dass ihre Herzen zur Umkehr bewegt werden. Wie gesagt: Kindererziehung ist Kniearbeit.

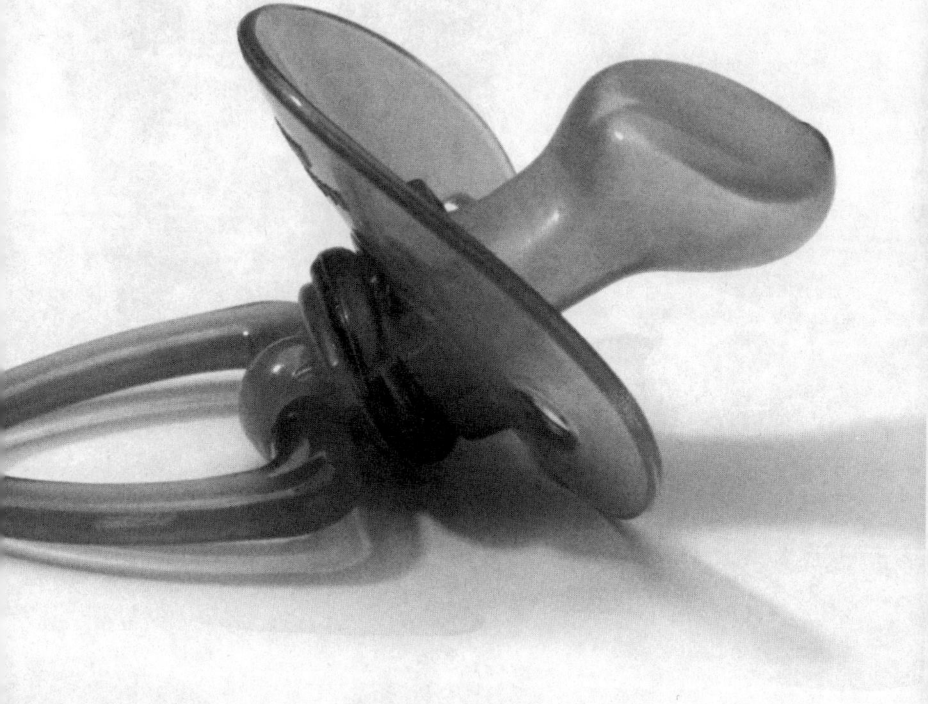

2.

Heile Welt im Paradies?
Zu Besuch bei Adams Familie

Träumst du auch von der heilen Welt? Muss das damals fantastisch gewesen sein, als Adam und Eva die ersten Tage und Wochen verliebt im Garten Eden lebten, die unberührte Natur genossen, in Fauna und Flora auf Entdeckungsreisen gingen und von ihrer Zukunft träumten. Wie würde das sein, wenn sie Kinder bekämen, mit ihnen ohne Stress und Hektik leben würden. Kein Nachbar würde sie stören, keine Schwiegereltern würden ihnen in ihre Erziehung hineinreden. Sie würden keine Probleme mit dem Haushaltsgeld haben, es gäbe kein Ultimo, keinen Chef, keine neidischen Verwandten. Wann immer sie wollten, hätten sie Gemeinschaft mit Gott, könnten ihn alles fragen und er würde ihnen alles erklären. Das wäre ein Leben, als wäre jeder Tag Sonntag und Urlaub zugleich!

Doch dann kam alles ganz anders ... Schweiß und Arbeit, Unkraut und Disteln, und der Älteste brachte Schande und Entsetzen in die Familie. So hatten sie sich ihre Ehe ganz gewiss nicht vorgestellt ...

Vielleicht habt ihr in eurer Verlobungszeit auch ähnlich geträumt. Nein, keine Utopien, kein Wolkenkuckucksheim, aber doch ein bisschen heile Welt, Glück und Zufriedenheit, ein

Häuschen im Grünen, ein Beruf, der Freude macht, eine Frau, die ein wohliges Zuhause zaubert, ein wenig Feierabend und Urlaub und artige Kinder, die ihren Eltern Freude machen – ist das denn zu viel verlangt? Und dann plötzlich: Aus der Traum!?

In der Gemeinde hatten sie auf mich einen engagierten Eindruck gemacht; ich war von ihnen eingeladen worden, während der Zeit meines Seminars in ihrer Gemeinde bei ihnen zu wohnen. Kaum schloss sich die Wohnungstür hinter uns, schien die Familie völlig verändert: Die Mutter schrie total genervt die Kinder an, die Kinder schrieen die Mutter an, und Vater saß im Wohnzimmer vor der Sportschau. Ich fragte die Mutter: „Warum schreist du mit deinen Kindern?“ - „Sie hören nicht!“, war ihre Antwort. „Hören sie denn, wenn du schreist?“ - „Nein“, gab sie resigniert zu. „Warum schreist du dann?“ – Ich fragte die Kinder: „Warum schreit ihr eure Mutter an?“ Sie schauten mich verwundert an: „Das ist bei uns immer so“, meinten sie. Ich ging ins Wohnzimmer und fragte den Vater: „Warum schreien deine Kinder deine Frau an?“ Er blickte mich erstaunt an: „Hä?“ Offensichtlich nahm er das überhaupt nicht mehr wahr. „Weißt du“, sagte ich ihm, „wenn meine Kinder so mit meiner Frau reden würden, würde ich ihnen etwas anderes sagen! Ich würde ihnen deutlich machen: So nicht! Das ist meine Frau und mit meiner Frau sprecht ihr anders, sonst bekommt ihr es mit mir zu tun!“

Wie viele Eltern sind enttäuscht und frustriert. Rezession, die beruflichen Perspektiven verlaufen im Sand, die Harmonie in der Ehe lässt nach und die Kinder entwickeln sich völlig anders, als gedacht. Sollte man sich da nicht in sein Hobby flüchten oder einfach aussteigen? Woran liegt es nur? Wie kann man’s ändern? Vom Himmel voller Geigen ist nur noch Disharmonie übrig geblieben und die tägliche Lautstärke kann nicht mehr auf Normalmaß heruntergeschraubt werden.

Wie war es bei Adam und Eva nur dazu gekommen?

Gott hatte ihnen eigentlich die besten Voraussetzungen zu einem harmonischen und glücklichen Leben gegeben. Doch durch die Sünde war die Gemeinschaft mit Gott jäh unterbrochen worden. Und auch ihre Beziehung zueinander war nicht mehr wie vorher. Sie schämten sich voreinander, jeder hatte seinen Intimbereich, nicht nur in in Bezug auf die äußerliche Scham (1. Mose 3,7). Das *„ein Fleisch werden"* (1. Mose 2,24) war von einem „helfenden Miteinander" zu einem „egozentrischen Nebeneinanderher" geworden (*„Die Frau, die du mir zur Seite gegeben hast ..."* 3,12). Gott hatte sie aus dem schützenden Garten schicken müssen, sie mussten die Folgen ihrer Sünde tragen, vor denen Gott sie gewarnt hatte.

Dann wurden die Kinder geboren. Mit großen Erwartungen begleiteten sie ihren Weg. War einer von ihnen vielleicht bereits der von Gott verheißene Retter, der den Satan besiegen würde (1. Mose 3,15)? Hoffnungsvoll gibt Eva ihrem Erstgeborenen den Namen Kain: *„Ich habe mit dem Herrn einen Mann erschaffen!"* (1. Mose 4,1). Ob er ihre Erwartungen erfüllen würde? Den zweiten Sohn nennt sie Abel, d.h. *„Hauch oder Vergänglichkeit"*. Hatte sie hier bereits die Hoffnung aufgegeben? Hatte sie mit ihrem Mann bei der Erziehung Kains schon entdeckt, wie viel Menschliches in uns Menschen steckt? Was mögen Adam und Eva ihren Söhnen an Erziehung mitgegeben haben? Offensichtlich haben sie ihnen viel von Gottes Schöpfung, von dem Segen der täglichen Gemeinschaft mit ihrem Schöpfer erzählt, von der heilen Welt ohne Sünde, aber auch von ihrem Fehler und den Folgen ihres Ungehorsams. So haben beide Kinder den Wunsch, eine Beziehung zu Gott zu knüpfen. Sie wollen Gott etwas opfern, wollen ihm etwas bringen, vielleicht auch ihm danken. Abel scheint verstanden zu haben, dass für eine intakte Beziehung zu Gott Schuld ausgeräumt werden muss. Aber wie? Damals, als Gott seinen Eltern nach deren Sündenfall Röcke von Fell gemacht hatte, musste ein Tier dafür sein Leben lassen, um ihre Scham, ihre Schuld zu bedecken. So opfert Abel ein Tier von den Erstlingen seiner Herde, denn für Gott kann nur das Beste gut genug sein. Kain aber ist offensichtlich stolz auf sein Können als Ackerbauer und bringt Gott von den Früchten des Feldes (1. Mose 4,3-5). Was hatte Adam ihm beigebracht? Wie man Erfolg im Beruf hat? Wie man mit Fleiß, Schweiß und Energie dem dornigen und harten Boden Erträge abringen kann? Was hat er ihm gesagt, wie man mit Gott in Beziehung kommt und bleibt? Im 5. Kapitel des 1. Buches Mose steht in einem kurzen Satz die Ursache des eigentlichen Dramas der ersten Familie der Weltgeschichte:

> *„An dem Tag, als Gott Adam schuf, machte er ihn* ***Gott ähnlich*** (nach seinem Abbild*). Als Mann und Frau schuf er sie (...). Und Adam lebte 130 Jahre und zeugte einen Sohn* ***ihm ähnlich****."* 1. Mose 5,1-3

Hier steckt die ganze Tragik von uns Eltern: Wir zeugen und erziehen Kinder in unserem Bild! Unsere Kinder werden uns gleichen, wir leben ihnen vor, wie ***wir*** sind. Und unsere Kinder werden wie wir. Wir können unsere Kinder nur so erziehen, wie wir sind! Wir prägen sie mit unserem Verhalten, unseren Ansichten und unseren Gewohnheiten! Darin liegt das eigentliche Dilemma. Es mag sein, dass unsere Kinder andere Sünden und andere Fehler begehen werden als wir, aber durch den Virus der Sünde, den wir vererben, werden sie für ihr Leben geprägt werden. Gott möchte, dass wir und unsere Kinder in sein Bild verwandelt werden. Können wir ihnen vermitteln, wie wir geheilt werden können von diesem Virus, von der in uns wohnenden Sünde (Römer 7,17.20), und eine neue

Beziehung zu Gott durch den Herrn Jesus bekommen können, der an unserer Stelle die Strafe Gottes gesühnt hat? Erleben sie an unserem Vorbild, wie sehr es uns ein Anliegen ist, in der täglichen Verbindung mit Gott zu sein, um uns Rat, Hilfe und Vergebung von ihm zu holen? Wir brauchen heute kein blutiges Opfer mehr zu bringen. Der Herr Jesus ist - bildlich gesprochen - das Lamm Gottes geworden, das sein Leben, sein kostbares Blut, gegeben hat, damit wir leben können! Ich wünsche mir, dass unsere Kinder Schuld im Leben erkennen und bekennen können, um wirkliche Vergebung zu erfahren.

Und so kommt es gleich in der ersten Familie zu einem grausamen Brudermord! Das Motiv ist Kains Neid auf Abels Beziehung zu Gott.

Vielleicht sagst du: „Nein, so weit ist es glücklicherweise nicht in unserer Familie gekommen!" Aber der Herr Jesus macht klar, dass das, was Kain vollzogen hat, bereits vorher in unseren Gedanken beginnt. Er sagt, dass *„wer zu seinem Bruder sagt: Raka (*Dummkopf*)! dem Hohen Rat verfallen sein wird; wer aber sagt: Du Narr! der Hölle des Feuers verfallen sein wird"* Matthäus 5,22.

Das wirft die Frage auf, wie wir miteinander umgehen und was wir unseren Kindern im Umgang miteinander im Kinderzimmer erlauben.

Gott hatte Kain damals frühzeitig gewarnt, ihn auf die Stimme seines Gewissens aufmerksam gemacht; aber Kain hatte sich darüber hinweggesetzt.

Fragen zum Nachdenken:

- Erziehen wir unsere Kinder in unserem Bild oder ist unsere Erziehung auf Gott hin ausgerichtet?

3.

Kindererziehung gegen den Trend der Zeit

Zu Besuch bei Noahs Familie

„Papa, darf ich?" Diese ständige Frage ihrer Sprösslinge kennen alle Eltern und nicht immer fällt ihnen dazu spontan die richtige Antwort ein. Egal, was man sagen wird, es kommt unweigerlich die Antwort: „Aber Papa, die anderen dürfen doch auch!" Ich kann mich noch gut daran erinnern, dass mein Vater dann häufig als letzte Antwort verkündete: „Plattes Kinder dürfen noch lange nicht alles." Gegen diesen Schlusspunkt familiärer Debatte gab es keine Argumentation mehr. Wir Kinder hatten uns geschlagen zu geben. Damals gaben wir uns noch damit zufrieden, aber heute wird von Kindern solch eine Aussage schwerlich noch als Argument akzeptiert.

Wie oft mag es im Haus Noahs ebenso geheißen haben: „Noahs Söhne dürfen noch lange nicht alles!" Die Zeit Noahs wird uns an manchen Stellen in der Bibel als eine Zeit gekennzeichnet, in der alles Denkbare machbar erschien. Gut 1600 Jahre nach der Erschaffung Adams heißt es:

> *„Und der Herr sah, dass die Bosheit des Menschen auf der Erde groß war und alles Sinnen der Gedanken seines Herzens nur böse*

> *den ganzen Tag. Und es reute den Herrn, dass er den Menschen auf der Erde gemacht hatte, und es bekümmerte ihn in sein Herz hinein. (...) Die Erde aber war verdorben vor Gott, und die Erde war erfüllt mit Gewalttat. Und Gott sah die Erde, und siehe, sie war verdorben; denn alles Fleisch hatte seinen Weg verdorben auf Erden."*
> 1. Mose 6,5-6.11-12 (vgl. Matthäus 24,37; Lukas 17,26; 1. Petrus 3,19-20)

Ist unsere Zeit nicht in vielen Punkten gleich? Wie verhält man sich, um in solch einer Zeit zu überleben? Passen wir uns an oder leben wir bewusst gegen die Zeitströmungen und den Trend? Noah bezog offensichtlich Stellung, insbesondere nachdem Gott ihm die Warnung vor dem Gericht gegeben hatte und den Auftrag, einen riesigen Kasten zu bauen. Von ihm heißt es: *„Noah aber fand Gunst in den Augen des Herrn. Er war gerecht, untadelig unter seinen Zeitgenossen"* (1. Mose 6,8-9). Was könnte von uns gesagt werden?

Das muss man sich vor Augen halten: Da gibt Gott Noah den Auftrag, mitten auf trockenem Land ein riesiges Schiff zu bauen, ohne dass es irgendwo hätte in See stechen können. Die Nachricht, dass Gott eine Flut geben würde, war für die Menschen damals kaum nachvollziehbar, denn bis dahin hatte es noch nie geregnet, die Bewässerung der Erde geschah bis zu diesem Zeitpunkt durch den morgendlichen Tau und Nebel (1. Mose 2,5-6). Stellen wir uns die absurde Situation vor: Vater Noah baut mit seinen drei Söhnen, Sem, Ham und Jafet, dieses große hölzerne Ungetüm. Bäume werden gefällt und bearbeitet. Werkzeuge gefertigt, ein Bauplatz gesucht, Bretter, Balken und Holzdübel erstellt, Pläne gezeichnet und Arbeitsabläufe geplant. Ein Jahrhundertunternehmen! Es scheint so, dass Gott Noah den Auftrag gab, als seine Söhne geboren wurden, also in seinem 500. Lebensjahr (1. Mose 5,32). Im 600. Jahr ist das Schiff fertig. Um uns die Größe ein wenig vor Augen zu halten: Dieser Kasten (lat. arce) ist 135 Meter lang, 22,5 Meter breit und 13,5 Meter hoch (bei einer Elle von 45 cm). Mit drei Etagen hat er damit eine bewohnbare Fläche von etwa 9000 m^2. Das entspricht der Fläche eines Fußballplatzes, einem Rauminhalt von ca. 522 Eisenbahn-Containern und einem Gewicht von 30.000 Tonnen!

Der Glaube Noahs

Das heißt, dies war eine Gegenstandspredigt, die etwa 100 Jahre dauerte. Wie mögen die Nachbarn gelästert und gelacht haben, dass hier vier Männer mit ihren Frauen Jahr um Jahr an solch einer „fixen Idee" arbeiteten. Die Bibel sagt, dass Noah dies durch Glauben tat, weil er dem Wort Gottes glaubte (Hebräer 11,7).

Und dann, nach 100 Jahren, erleben sie die Erfüllung des Wortes Gottes. Sie gehen am 17. Tag des zweiten Monats im 600. Lebensjahr Noahs in die Arche. Und Gott schließt ab. Sie haben keinen Schlüssel, sie haben kein Ruder, keinen Ausguck, keinen Schiffsantrieb, keine Steuerungsmöglichkeit. Nichts also, womit sie in irgendein mögliches Geschehen eingreifen könnten. Sie müssen in allem Gott vertrauen. Vierzig Tage hören sie die Regenfluten aufs Dach prasseln, merken, wie sich das Schiff erhebt und sich vorwärts bewegt, sehen nicht, wohin es geht, sind allein mit sich und all den Tieren. Kein Kühlschrank, keine Tiefkühlkost, kein Handy, kein Radio, kein Fernsehen oder Internet, kein Kontakt zur Außenwelt. Hier merken wir vielleicht ein wenig, was Glauben bedeutet: Keine eigenen Möglichkeiten mehr zu haben und allein dem Handeln Gottes zu vertrauen.

Die Erziehung Noahs

Aber noch etwas anderes wird mir bei dieser Geschichte deutlich und das geht mir zu Herzen: Noah muss seinen Söhnen und später deren Frauen und seiner eigenen Frau so glaubwürdig den Auftrag Gottes geschildert und vorgelebt haben, dass sie bereit waren, mit ihrem Vater gegen den Spott und Trend der Zeit nach Gottes Wort zu leben! Das ist Erziehung! Das Leben, Reden und Arbeiten Noahs ist für seine Familie so glaubwürdig, dass sie mitarbeiten und Gottes Verheißungen vertrauen.

Nach 5 Monaten setzt der Kasten auf dem Berg Ararat im Osten der heutigen Türkei auf. Aber es dauert noch etliche Monate, bis Gott Noah die Erlaubnis gibt, die Arche zu verlassen. 1 Jahr und zehn Tage haben sie ausgehalten. Wie oft werden sie sich an diese Zeit erinnert und es ihren Kindern erzählt haben, wie Gott sie gerettet hat. Es gab nur eine Tür der Rettung, es gab nur einen Weg durch das Gericht Gottes hindurch. Es gab nur ein Drinnen oder Draußen, ein Gerettetwerden oder Verlorengehen.

Können wir unseren Kindern den einzigen Weg der Rettung vor dem Gericht Gottes erklären und eindeutig vorleben? Der Herr Jesus sagt: *„Ich bin die Tür!“* (Johannes 10,9), und: *„Ich bin der Weg, die Wahrheit und das Leben; niemand kommt zum Vater als nur durch mich!“* (Johannes 14,6).

Fragen zum Nachdenken:

- Ob wir unseren Kindern den Weg der Rettung Gottes vermitteln können?
- Ist unser Leben für unsere Kinder glaubwürdig? Leben wir bewusst gegen den Trend der Zeit als solche, die nach Gottes Maßstäben fragen?

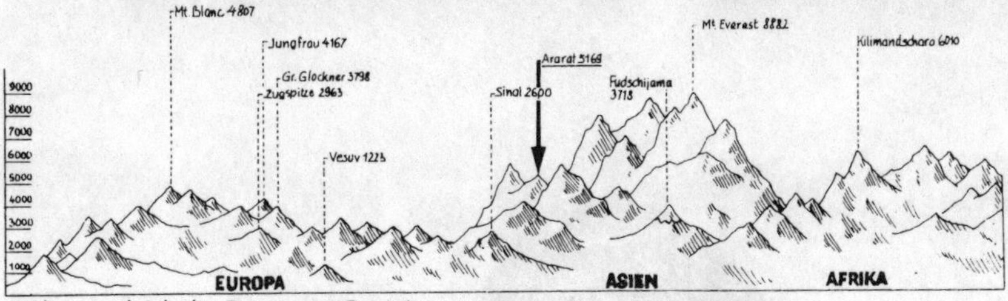

Höhenvergleich der Berge zum Berg Ararat

Fundstelle derArche auf dem Berg Ararat

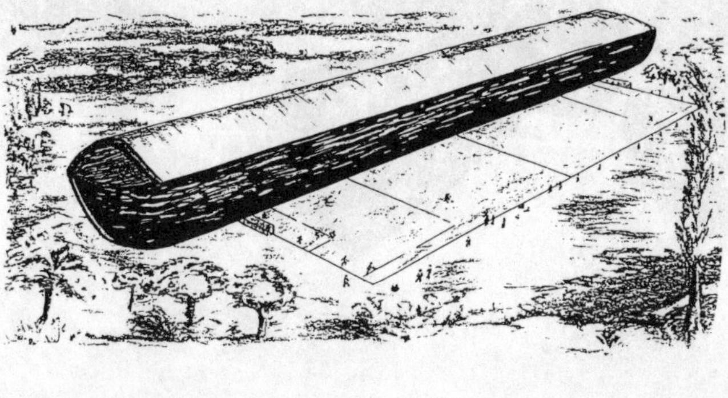

Rekonstruktion der Arche, die die Ausmaße ein wenig verdeutlicht. © Wort und Wissen

4.

Der Apfel fällt nicht weit vom Stamm

Zu Besuch bei Abrahams Familie

„Papa, wie war das damals, als ich noch nicht da war. Als du und Mutti noch allein wart. War das nicht total langweilig ohne mich? Bitte, erzähl doch mal von früher.“

An solchen Fragen unserer Kinder merken wir eindeutig, dass wir alt werden. Wie schnell vergeht die Zeit. Mit einem wehmütigen und einem schmunzelnden Auge machen unsere Erinnerungen eine Rolle rückwärts. Wo sind die Jahre geblieben?! Ja, wie war das, als wir uns kennen gelernt haben, wie war die Zeit, in der wir lernen mussten, dass wir keine Junggesellen mehr sind, in der ein Ich und Du zu einem Wir wurde?

Ich stell mir vor, wie Isaak seinen alten Vater gefragt hat. 25 Jahre hatten seine Eltern auf seine Geburt warten müssen, nachdem Gott ihnen den Nachkommen angekündigt hatte. Fast hatten sie sich schon damit abgefunden, ohne Kinder zu bleiben, und Abraham machte sich Gedanken, ob nicht doch sein ältester Knecht alles erben würde. Aber was würde mit der Verheißung Gottes geschehen? Könnte es sein, dass sie nicht in Erfüllung ginge? Und so wird Abraham seinem Sohn die alten Begebenheiten erzählt haben, wird ihm berichtet haben, wie Gott ihm damals in Ur in Chaldäa so eindrucksvoll begegnet war. *„Der Gott der Herrlichkeit"* war ihm damals erschienen. So lesen wir es in Apostelgeschichte 7 in der Predigt des Stephanus. Das hatte Abraham nie vergessen. Diese Erscheinung hatte sein Leben geprägt, so dass er die hochzivilisierte Stadt am Euphrat verlassen hatte. Er war bereit gewesen, mit diesem Gott ins Ungewisse zu gehen, in Zelten in einem unbekannten Land zu wohnen, das irgendwann einmal seine Nachkommen erben würden, und auf eine Stadt zu warten, deren Baumeister Gott sein würde (Hebräer 11,10). Und offensichtlich hat Abraham dieses Gottesbild und das unbedingte Vertrauen diesem Herrn gegenüber seinem Sohn so vermitteln können, dass auch Isaak den vertrauensvollen Glauben an diesen Herrn der Herrlichkeit nachvollzog und ihm ebenfalls im Glauben gefolgt ist (Hebräer 11,8-20). In dieser Beziehung ist Abraham uns sicherlich ein gutes Vorbild. Gott hatte bereits vor der Geburt seines Sohnes von ihm gesagt:

> *„Ich habe ihn erkannt, dass er seinen Söhnen und seinem Haus nach ihm befehle, dass sie den Weg des Herrn bewahren."* 1. Mose 18,19

Damit macht Gott deutlich, dass Abrahams Erziehungsstil überzeugend gewesen sein muss.

Etwas davon merken wir bei der eindrücklichen Begebenheit, als Gott ihn aufforderte, seinen lang ersehnten Sohn zu opfern (1. Mose 22). Oberflächlich gesehen, kann man diesen Wunsch Gottes wohl kaum verstehen. Was ist das für ein Gott, der einen Menschen 25 Jahre lang auf den Nachkommen waren lässt und ihm dann aufträgt, ihn als Opfer zu bringen? Natürlich wissen wir, dass Gott keine Menschenopfer fordert wie andere Götzen in anderen Religionen. Aber das prüft Gott bis heute, ob mir in meinem Leben etwas wichtiger ist als er selbst. Selbst etwas, was er mir selbst geschenkt hat. Er möchte mir bewusst machen, was bei mir an der ersten Stelle steht.

Und wie leicht kann das geschehen, dass irgendeine Sache oder irgandeine Person mir wichtiger und lieber wird als Gott, der mich zuerst geliebt hat (1. Johannes 4,19), und zwar so sehr, dass er seinen eingeborenen Sohn an meiner Stelle in den Tod gegeben hat (Johannes 3,16). Der Herr Jesus stellt nach seiner Auferstehung seinem Jünger Petrus die gleiche Frage:

„Liebst du mich mehr als diese?" Johannes 21,15

Und damit stellt er sie auch uns: Was steht bei dir an der ersten Stelle? Welche Prioritäten hast du in deinem Leben gesetzt? Und so wichtig in den Augen Gottes die Liebe zu meiner Frau und zu meinen Kindern ist, die Liebe zu Gott hat in jedem Fall Vorrang! Der Herr Jesus sagt das so:

> *„Wer Vater oder Mutter mehr liebt als mich, ist meiner nicht würdig; und wer Sohn oder Tochter mehr liebt als mich, ist meiner nicht würdig."*
> Matthäus 10,37

Abraham hat das verstanden. Wie bewegend muss dieser Weg nach Morija für Vater und Sohn gewesen sein. Isaak lernte hier an dem Verhalten seines Vaters auf der einen Seite, wie sehr Abraham ihn tatsächlich liebte. Er scheint auf der stillen Wanderung gemerkt zu haben, was seinen Vater in Gedanken bewegte, und er bohrte mit seinen Fragen nicht weiter in ihn, als dieser ihm kaum antworten konnte. Aber er erkannte auch, dass die Liebe seines Vaters zu seinem *„Herrn der Herrlichkeit"* noch weit über die Liebe zu ihm, dem Sohn, ging. Dieses Erleben hat Isaak in seinem Leben und seinem Glauben geprägt. Die Erziehung Abrahams zur Gottesfurcht war weniger durch große Worte als durch konsequentes Vorbild gekennzeichnet. Ob wir davon lernen können? Was sehen unsere Kinder in unserem Leben an konsequent gelebtem Glauben? Erkennen sie in unserem Verhalten unsere Liebe zu ihnen aber auch, dass Gott die erste Stelle in unserem Leben hat?

Aber im Familienleben eines Abraham können wir nicht nur die positiven Auswirkungen eines Erziehungsstils sehen, der durch Vorbild geprägt ist. Wir prägen unsere Kinder durch unser Leben eben auch in negativer Weise. Wie hieß es bei Adam? *„Und Adam lebte 130 Jahre und zeugte einen Sohn* ***ihm ähnlich****."* 1. Mose 5,1-3

Das ist die Kehrseite davon, wenn Kinder uns als Vorbild nehmen: „Sie machen eben *alles* nach." Leider auch das Negative in unserem Leben. Wie sagten wir uns? Wir können unsere Kinder nur so weit erziehen, wie wir selbst sind. Wie aber können wir die negativen Auswirkungen in der Erziehung verhindern? Wir wollen uns das in Abrahams Familie weiter ansehen.

Sollten wir peinliche Begebenheiten aus unserem Leben unseren Kindern erzählen?

Da saßen Isaak und Abraham möglicherweise vor ihrem Zelt und Abraham berichtete seinem Sohn aus seinem Leben. Er hatte ihm von den Anfängen in Ur erzählt, wie Gott ihn aus dem Götzendienst seiner Väter befreit hatte, wie er sich gelöst hatte von der Verwandtschaft und von seiner Heimat. Er hatte ihm von den Verheißungen Gottes für ihn und seine Nachkommen berichtet: „Also auch für dich, Isaak." - Und Isaak hatte gespannt zugehört.

Aber dann mag Isaak die peinlichen Situationen im Leben seines Vaters angeschnitten haben: „Vater, wieso hab' ich noch einen Bruder, der 14 Jahre älter ist als ich? Warum lebt der mit seiner Mutter nicht mehr in unserer Familie? Wieso kam dessen Mutter aus Ägypten und nicht wie meine Mutter aus Chaldäa? Vater, bist du wirklich mal in Ägypten gewesen? Wie war es da? Das soll doch dort so fantastisch sein, hat mir Onkel

Lot erzählt. Warum bist du nicht in Ägypten geblieben?"

Vater Abraham wird eine längere Pause gemacht haben, bevor er das heikle Thema angesprochen hat. Das wissen wir auch: Es fällt nicht leicht, über Dinge zu sprechen, die einen faden Nachgeschmack haben, wenn man daran zurückdenkt. Vielleicht kennst du solche Begebenheiten aus deinem Leben. Man hat sie in irgendeiner Ecke des Gedächtnisses abgespeichert und niemals mehr daran gerührt. Man wünschte, es gäbe sie nicht, also spricht man sie auch niemals an. Was sollten andere von dir denken, wenn sie wüssten, was es in deinem Leben gegeben hat.

Doch dann ging wohl ein leichtes Schmunzeln über Abrahams Gesicht. Vorsichtig mag er sich umgeschaut haben, ob nicht Sara in der Nähe war und die nun folgende Version der damaligen Begebenheiten hätte korrigieren können. Plötzlich sind die Geschehnisse der Vergangenheit wie ein interessantes Abenteuer, das er mit viel Raffinesse gemeistert hat. Schließlich war er mit viel Reichtum aus Ägypten zurückgekehrt, mit Knechten und Mägden und einer Menge Vieh. „Die Reise nach Ägypten hat sich eigentlich in jeder Hinsicht gelohnt, und stell dir vor, Isaak, deine Mutter hat sogar im goldenen Himmelbett des Pharaos geschlafen! Nein, nein, es ist ihr nichts passiert. Und auch mir nichts, denn ich hab gesagt, sie sei meine Schwester! Das war ja nicht gelogen. Du weißt ja, dass sie meine Halbschwester ist (1. Mose 20,12). Ich hab das übrigens noch einmal so praktiziert, als Abimelech, der König von Gerar, Interesse an ihr zeigte. Auch das ging glimpflich aus. Als das dann immer noch so lange dauerte, dass uns ein Nachkomme geboren wurde, hab' ich mit Einverständnis deiner Mutter diese ägyptische Magd Hagar als Nebenfrau genommen und Ismael wurde geboren. Als dann das Verhältnis zu deiner Mutter Sara leider nicht das beste war, haben wir uns in gegenseitigem Einvernehmen voneinander getrennt. War wohl auch besser so. Nein, Gott hab ich damals nicht gefragt. Er hatte mir dann schon vorher deutlich gemacht, dass er dich als Nachkommen haben wollte. Und dann endlich, als ich 100 und Mutter 90 Jahre war, wurdest du geboren. Das war wirklich ein großes Wunder!"

Ja, so mag es gewesen sein. Wie anders ist es sonst zu erklären, dass Isaak die gleichen Fehler seines Vaters in seinem Leben später wiederholt (1. Mose 26)? Offensichtlich hat Abraham seine Fehler nicht als Fehler bekannt, sondern als eine Möglichkeit, mit Halbwahrheiten und Schauspielerei Lebenssituationen mit Bravour zu meistern.

Welche Folgen hatte das falsche Verhalten Abrahams?

Das Leben Abrahams macht eindeutig klar: Wir sündigen nie für uns allein! Unser Fehlverhalten hat Auswirkungen auf andere. Im Fall Abrahams hat es Folgen für seine Frau Sara, für seinen Neffen Lot, für Isamael und für seinen Sohn Isaak.

1. Folgen für Sara, seine Frau

Als Abraham in Ägypten seine Frau verleugnete (1. Mose 12) und später bei den Philistern noch einmal (1. Mose 20), wird erkennbar, dass er nicht verstanden hatte, was Ehe nach Gottes Gedanken wirklich ist: Eine Einheit nach Geist, Seele und Leib (= ein Fleisch, 1. Mose 2,24). Nach der Rückkehr aus Ägypten hat er zwar mit Gott an dem Altar zwischen Ai und Bethel gesprochen (und wohl um Vergebung gebeten), aber wir finden nirgendwo, dass er seine Frau um Vergebung bittet. So steht zeitlebens etwas zwischen den beiden Eheleuten. Es wird erkennbar, dass sie nebeneinander her leben. Und welche Mühe hat Gott, die beiden zueinander zu bringen, damit Isaak geboren werden kann!

2. Die Folgen für seinen Neffen Lot
Die Reise nach Ägypten hat das Leben Lots geprägt. Hier wurden seine Wertmaßstäbe verändert. Als er in 1. Mose 13 die Wahl der Weideflächen hat, wählt er die Ebene des Jordan, denn *„sie war wie das Land Ägypten"* (1. Mose 13,10). Damit aber wird diese Gegend ihm zur Versuchung und zum Fall.

3. Die Folgen für Ismael
Der Sohn der Magd, die Abraham aus Ägypten mitgebracht hatte, und seine Nachkommen, sind bis in die heutige Zeit der Grund der Auseinandersetzungen im Nahen Osten. Hier liegt der Ursprung des arabischen Hasses gegen Israel. Wie weittragend sind die Folgen eines falschen Weges, bei dem Abraham Gott nicht um Rat gefragt hatte.

4. Die Folgen für Isaak
Zwar ist positiv hervorzuheben, dass Isaak den Glauben seines Vaters weitergelebt hat, aber er lebte auch dessen Fehler: Er „verkaufte" ebenso dem Philisterkönig Abimelech seine Frau Rebekka als seine „Schwester" (obwohl sie seine Cousine war) und sein Verhältnis zu seiner Frau ist - obwohl er sie liebte (1. Mose 24,67 und 26,8) - ebenso wie die Ehe Abrahams eher eine Symbiose, eine bloße Lebensgemeinschaft, als eine innige Einheit nach Geist, Seele und Leib. In Kapitel 6 dieses Buches werden wir darauf noch näher eingehen, da dies wiederum auf Isaaks Familie Auswirkungen hat.

Was hätte Abraham tun können, um die Folgen zu verhindern?

Wie können wir Fehler unseres Lebens nicht zu Fehlern unserer Kinder werden lassen? Wie viel hätte verhindert werden können, wenn Abraham seiner Frau, seinen Söhnen und seinem Neffen deutlich gemacht hätte: „Der Ausflug nach Ägypten war falsch und nicht im Einvernehmen mit Gott geschehen. Ich habe meine Frau verleugnet, statt zu ihr zu stehen, ich habe in eigenem Gutdünken die Magd geheiratet und Ismael gezeugt. Alles das war nicht recht. Bitte vergebt mir und macht nicht die gleichen Fehler." So hätte Isaak aus den Fehlern seiner Eltern lernen und in seiner Ehe manches verhindern können.

Ja, deine Kinder lernen von dir. Aber leider nicht nur das Positive, viel schneller vererben sich deine Schwächen, deine Gewohnheiten, deine Bindungen, deine Sünden. Deshalb ist es so wichtig, dass deine Kinder - ihrem Alter gemäß - deine Vergangenheit nicht kommentarlos erfahren, sondern mit der Bewertung, ob du darüber Buße getan und Vergebung erfahren hast. Leider ist immer wieder festzustellen, dass Kinder die gleichen Fehler und Sünden der Eltern wiederholen. Das muss nicht so sein.

Erziehung geschieht hauptsächlich durch folgende vier Bereiche:

1. Durch eindeutige, an der Bibel orientierte Belehrung (2. Mose 12,26-27; 5. Mose 4,9-10).
2. Durch Gewöhnung, also durch gleichmäßige Wiederholung (Sprüche 22,6).
3. Durch Vorbild meines Lebens (1. Timotheus 4,12; Titus 2,7; Judas 5,10; Philipper 4,9).
4. Durch Korrektur und Wertevermittlung, indem du auch falsches Verhalten und Versagen kommentierst (Sprüche 1,8; 3,21; 6,20 u.a.)

Bei alledem: **Seid als Eltern ein gereinigter Kanal für das Reden und Handeln Gottes mit euren Kindern!** Das heißt:

Sorgt dafür, dass in eurem Leben keine Sünde bleibend Platz gewinnt, sondern bringt euer Leben immer wieder vor Gott in Ordnung. Lebt miteinander in der echten Vergebung und Versöhnung. Lasst eure Kinder erleben, was es heißt, miteinander vor Gott zu sein und jeden Tag aus der Vergebung Gottes zu leben.

Fragen zum Nachdenken:

- Wo sind Dinge in unserem Leben als Eltern, die vor Gott geklärt und vor unseren Kindern bekannt und kommentiert werden müssen?
- Wie kann unsere Ehe ein gereinigter Kanal für Gottes Reden und Handeln an unseren Kindern sein?
- Wie können unsere Kinder merken, was die Prioritäten in unserem Leben sind?

5.

Wenn Kinder auf der Strecke bleiben

Zu Besuch bei Lots Familie

Vor einiger Zeit berichtete das österreichische Wirtschaftsmagazin *trend* unter dem Leitartikel *Sind Top-Manager Rabenväter?*: „Ihrem Job widmen sie sich mit Begeisterung 80 Stunden in der Woche, ihren Kindern gehören sie nur für wenige Augenblicke am Tag." Und der österreichische Psychologe Erwin Riegel erklärt: „Managereltern sind besessen von Erfolg, Geld und Macht. Sie haben wenig Werte anzubieten, die das Kind interessieren. Wärme, Liebe und Geborgenheit kann man nicht kaufen."*

Neulich las ich im Internet, dass laut einer Umfrage in Deutschland Väter im Durchschnitt täglich nur ca. 90 Sekunden mit ihren Kindern sprechen! Ist es da verwunderlich, dass schon vor Jahren die Rede von der vaterlosen Generation war?

Kinder suchen nach dem Sinn ihres Lebens und nach Vorbildern, die ihnen glaubhaft Werte vermitteln können. Was können wir ihnen in dieser Beziehung für ihr Leben mitgeben?

---

*) Unsere heimischen Rabenvögel sind keineswegs die sprichwörtlichen Rabeneltern. Die Rabenkrähe entwickelt einen geradezu vorbildlichen Familiensinn: Das Männchen ist alles andere als ein „Rabenvater". Es lebt in einer beständigen Dauerehe und zeigt sich während der Brut- und Nestzeit zwischen März und Juni als ein fürsorglicher Ernährer und Beschützer der Familie!

4000 Jahre zurück

Karrieredenken ist nicht neu. Das gab es schon zu biblischen Zeiten. Lot, der Neffe Abrahams, war solch ein Typ. Als Vollwaise aufgewachsen, übernahm sein Onkel die Vormundschaft für ihn. Mit ihm zog Lot in das seinem Onkel verheißene Land Kanaan und bei ihm lernte er die Geheimnisse der Viehzucht. Eine Reise nach Ägypten förderte seinen Ehrgeiz, erweiterte seinen Horizont und prägte entscheidend seine Lebensziele. Als er sich selbständig machen konnte, wählte er die fruchtbare Jordanebene, weil sie seinen Vorstellungen von einem erfolgreichen Leben entsprach. Trotz eines Rückschlags durch feindliche Heere (1. Mose 14) kletterte er die Karriereleiter weiter hinauf, bis er schließlich im Stadtrat von Sodom saß (1. Mose 19,1), einer weltoffenen, aber überaus verruchten und sündigen Stadt, in der Homosexualität und Sodomie offen praktiziert wurde (1. Mose 19,7-8).

Wenn wir über falsche Wege in unserem Leben nachdenken, müssen wir uns die entscheidenden Weichenstellungen bewusst machen, die uns auf Abwege gebracht haben.

Bei Lot war es zum Ersten sicherlich seine Trennung von Abraham. Hier trennte er sich nicht nur von seinem Onkel, der für ihn gesorgt hatte, er trennte sich auch von dem Segensbereich Gottes und der persönlichen Gemeinschaft mit Gott. Im Leben Lots wird übrigens von keinem Altar als sichtbarem Zeichen der Gemeinschaft mit Gott berichtet!

Die zweite Weichenstellung geschah schleichend: Sein Wohnort näherte sich Schritt für Schritt der ungöttlichen Umgebung Sodoms (1. Mose 13,12; 14,12; 19,1). Um nicht mehr in Zelten zu wohnen, sondern in einem komfortablen Stadthaus, nahm er die negativen Auswirkungen der Sünde bewusst oder unbewusst in Kauf (2. Petrus 2,8).

Die dritte negative Entscheidung ist die Wahl seiner Frau. Vermutlich war sie aus Sodom. Sie unterstützte ihn nicht, etwas gegen sein quälendes Gewissen zu tun; ganz im Gegenteil: Sie hing an dieser sündigen Stadt und kam deshalb auf der Flucht um (1. Mose 19,26).

Wie hat Lot seine Töchter erzogen?

Zwischen den Zeilen können wir nirgendwo erkennen, dass Lot seinen Töchtern oder seinen Schwiegersöhnen irgendetwas von dem mitgegeben oder zu vermitteln versucht hat, was er bei seinem Onkel jahrelang erlebt hatte: Ehrfurcht und Gehorsam gegenüber Gott und moralische und ethische Werte, die sich aus der Kenntnis Gottes ergeben. Ganz im Gegenteil: Als er seine Schwiegersöhne warnen wollte, machten sie sich über ihn lustig: *„Aber er war in den Augen seiner Schwiegersöhne wie einer, der Scherz treibt"* (1. Mose 19,14).

Er selbst hatte zwar, wie das Neue Testament berichtet, eine gerechte Seele (2. Petrus 2,8), aber seinen Töchtern und seiner Frau hat er dies wohl kaum vorgelebt, geschweige denn sie darüber belehrt. Wie furchtbar waren die späteren Auswirkungen. Als er nach der Zerstörung Sodoms mit seinen beiden Töchtern in einer Höhle oberhalb von Zoar lebte, gab er sich dem Alkohol hin und wurde von seinen eigenen Töchtern sexuell missbraucht. Die daraus entstandenen Nachkommen Moab und Ammon waren über Jahrtausende hin die ständigen Feinde Israels (1. Mose 19,31-38). Wie tragisch endete die Geschichte dieses Mannes, der - obwohl er Gott kannte - seinen Kindern kein Vorbild war. Vielmehr wurden sie durch die Umgebung, in der sie aufwuchsen, in ihrer Moral verdorben.

Stellen wir noch einmal die beiden Seiten gegenüber:

1. Lot wählte den Lebensstandard - und opferte den ethischen und moralischen Schutz seiner Kinder.
2. Er wählte die Selbständigkeit - und opferte die persönliche Gemeinschaft mit Abraham und Gott.
3. Er wählte die vermeintlich gute Zukunft - und opferte die Abhängigkeit von Gott.
4. Er wählte seine Frau - und opferte die gottgewollte Harmonie in der Ehe.
5. Er wählte das Ansehen in der Welt - und wurde unbrauchbar für Gott.
6. Er wählte die Karriere - und opferte alles dafür: die Ruhe seines Gewissens, die Moral und das ewige Heil seiner Töchter.

Was wählen wir? Was sind die Ziele in unserem Leben? Woraufhin leben wir? Haben wir uns als Eheleute gemeinsam einmal darüber Gedanken gemacht, wie wir unsere Kinder erziehen wollen? Jeder hat dabei Visionen, Träume, Wünsche. Haben wir miteinander darüber gesprochen? Und haben wir gemeinsam mit Gott darüber gesprochen?

Da setzt man auf Erfolg, auf Karriere, auf Lebensstandard. Die Ansprüche wachsen automatisch mit. Wie heißt es in dem Kinderreim: „Je mehr er hat, je mehr er will, nie schweigen seine Wünsche still.“ Ein Auto, ein Häuschen, guter Verdienst - und die Gemeinschaft mit Gott, das Hören auf sein Wort, die Gemeinschaft mit Glaubensgeschwistern bleiben auf der Strecke. Und wir trösten uns: Wenn wir es geschafft haben, wollen wir das Versäumte für den Herrn nachholen ...

Was ist mir die Ruhe meines Gewissens wert? Was ist mir mein Herr wert? Was ist uns unsere Ehe wert? Was sind uns unsere Kinder wert? Was handele ich mir ein, wenn ich auf die Verbindung zu Gott verzichte? Wenn ich Gottes Wertmaßstäbe preisgebe und ihn nicht an die erste Stelle in meinem Leben setze?

Lot hatte den Erfolg vor Augen, aber die Folge seines Weges war der Zerbruch:

- Sein Zeugnis vor den Schwiegersöhnen zerbrach,
- seine Karriere zerbrach,
- seine Ehe und Familie zerbrach,
- sein Lebenssinn zerbrach,
- sein Lebensmut zerbrach (er wurde zum Alkoholiker),
- die Moral der Töchter zerbrach (sie begingen Blutschande).

Was sind unsere Erziehungsziele für unsere Kinder?

Was können wir unseren Kindern Besseres mitgeben als das Ziel eines an den Herrn Jesus hingegebenen Lebens? Eine „göttliche Karriere" ist zehntausendmal wertvoller als die beste irdische Erfolgsleiter. Das Büchlein „Trachtet zuerst" von William MacDonald (CLV) ist gerade in dieser Beziehung sehr lohnenswert zu lesen und zu verwirklichen.

Eine Begegnung bei einem Missionseinsatz vor einigen Jahren mit einem jungen Mann machte mir unsere Verantwortung als Väter besonders deutlich:

Auf der Suche nach dem verlorenen Vater

Langsam, fast zögernd kam ich mit ihm ins Gespräch. Aber dann saßen wir fast vier Stunden zusammen, und es sprudelte aus ihm heraus:

27 Jahre war er und stolz darauf, seit seinem 12. Lebensjahr auf eigenen Füßen zu stehen. Damals hatten ihn seine Eltern rausgeworfen. Er lächelte über mein erstauntes Gesicht, als er mir verriet, aus welcher Familie er kam. Jüngster Sohn eines bekannten Unternehmers, das schwarze Schaf zwischen erfolgreichen Geschwistern, und er schien sich in dieser Rolle zu ge-

fallen. Oder klang da doch im Unterton Enttäuschung mit? Enttäuschung über den Verlust der Familie, der Kindheit, der Ideale ...?

Zwei Jahre Indien lagen hinter ihm - auf der Suche nach dem Sinn, den er nicht fand. Aber eine unbekannte Krankheit hatte er sich dort eingefangen. Hunger hatte er immer, versuchte ihn zu stillen mit „Sprit", Shit und Hasch. Wie Heldentaten klangen seine Erlebnisse, und doch - sein Blick, die hängenden Schultern und die resignierte, verbitterte Stimme ließen keinen Zweifel aufkommen: Er war innerlich und äußerlich am Ende ...

„Aber", fragte ich ihn, „warum berichtest du mir das alles, ich könnte doch dein Vater sein ..."

„Das ist es ja gerade", antwortete er, „so einen Vater hätt' ich ja haben wollen! Aber mein Alter hatte nie Zeit für mich, der hatte nur sein Geschäft ..."

Verlorene Kindheit

Ja, daran krankt die junge Generation weitgehend: Ihr fehlen Väter, die Schutz, Vorbild und Geborgenheit vermitteln könnten. Nicht nur die vielen zerstörten Ehen, sondern auch die Werte- und Orientierungslosigkeit der heutigen Zeit lassen die kommende Generation leer und ausgebrannt aufwachsen.

Wir haben versagt

Wir müssen uns unumwunden eingestehen: Wir sind unserer Verantwortung als Väter und Mütter nicht oder nur in unzureichendem Maße gerecht geworden - unserer Verantwortung, die wir nicht nur der jungen Generation gegenüber haben, sondern auch vor Gott!

Denn unseren Erziehungsauftrag haben wir Menschen unmittelbar von Gott erhalten. Ihm sind wir Rechenschaft schuldig ...

Wir mögen den gegenwärtigen Zustand und die Hoffnungslosigkeit der heutigen Jugend bedauern und beklagen. Solange wir selbst nicht bereit sind, in echter Konsequenz Buße vor Gott zu tun über die eigene Sünde in unserem Leben und über unsere Fehler und Versäumnisse in der eigenen Kindererziehung, solange wir nicht selbst zu echten Vätern und Müttern werden, die zu Gottes Wort und Maßstäben zurückfinden, solange können wir nicht erwarten, dass die junge Generation in uns Vorbild und Orientierungshilfe findet.

Der Weg zurück

In Gottes Wort, der Bibel, finden wir den Weg zurück: In Jesus Christus, dem Sohn Gottes, der für all unser Versagen, für all unsere Sünden und Versäumnisse, für all unsere Schuld am Kreuz auf Golgatha starb, dürfen wir wirkliche Vergebung Gottes erfahren und damit die Chance eines Neuanfangs auch in der Kindererziehung. Sicher beginnt dieser Neuanfang dann damit, dass wir auch unsere eigenen Kinder um Vergebung bitten ... und anfangen, für sie zu beten.

Fragen zum Nachdenken:

- Steht die Karriere bei mir an erster Stelle und vernachlässige ich die Erziehung meiner Kinder?
- Wie kann ich wieder ganz bewusst meiner Verantwortung als Vater in meiner Familie entsprechen?

JOFA

6.

Wenn zwei unterschiedlich Erzogene erziehen

Zu Besuch bei Isaaks Familie

Viele Probleme in der Erziehung sind eigentlich voraussehbar. Viele Probleme entstehen nur deshalb, weil Eltern nicht vorbereitet sind und sich keine Gedanken über ihre gemeinsame Erziehung gemacht haben. Habt ihr schon einmal konkret darüber nachgedacht, wie unterschiedlich ihr als Ehepaar seid? Man sagt allgemein: Gegensätze ziehen sich an. Das mag stimmen, doch wird das auch Auswirkungen auf die Erziehung der Kinder haben.

Da ist der eine ordentlich und diszipliniert, der andere aber lässt lieber alles laufen oder auf sich zukommen. Der eine ist ein Pedant und der andere ein Chaot. Der eine ist pünktlich, der andere kommt immer 10 Minuten zu spät. Der eine steht zu seinem Wort, der andere hat keine Mühe damit, seine Meinung jederzeit zu ändern. Der eine liebt den Humor, der andere kennt nur bissige Ironie. Der eine ist eher verschwenderisch, der andere ist sparsam, um nicht zu sagen geizig.

Woher kommt das? Nun, jeder von uns hat eine andere Erziehung erhalten. Vielleicht ist es hilfreich, sich folgende Fragen bewusst zu machen und Antworten aufzuschreiben:

- Wie haben deine Eltern dich erzogen? Streng - locker?

- An was kannst du dich besonders erinnern? Positiv - negativ?
- Was würdest du bei der Erziehung deiner Kinder ebenso machen? Was würdest du auf jeden Fall ändern?
- Welche Ziele hatten deine Eltern für deine Erziehung?
- Welche Ziele hast du für deine Kinder?
- Worin unterscheidet sich dein Ehepartner in der Erziehung von dir?

Anschließend sprich mit deinem Mann/deiner Frau darüber und überlegt gemeinsam, wie ihr erzogen worden seid und wie ihr eure Kinder erziehen wollt.

Ein Beispiel, wie man es nicht machen soll

Die Bibel zeigt uns ein Beispiel für gegensätzliche Erziehung in der Familie Isaaks. Lesen wir dazu den Abschnitt in 1. Mose 25,20-28.

Auf den ersten Blick erscheint die Geschichte, wie Isaak an seine Frau Rebekka kam, traumhaft schön. Sie wissen sich von Gott zusammengeführt und Isaak gewinnt seine Frau von Herzen lieb. Was gibt es Schöneres als Grundlage einer Ehe! Schön erscheint ebenfalls, dass Isaak für seine Frau betet und Gott sein Gebet bezüglich des Kindersegens erhört.

Doch hier erkennen wir bei aufmerksamem Lesen die erste Differenz zwischen ihm und seiner Frau Rebekka. Beide beten zwar, beide haben offensichtlich eine persönliche Beziehung zu Gott, aber sie haben keine gemeinsame Beziehung zu Gott und tauschen sich nicht darüber aus! Wie viel Negatives hätte für die weitere Entwicklung der Familie hier verhindert werden können.

Beide kamen aus unterschiedlich geprägtem Elternhaus: Isaak hatte bei seinem Vater die Ehrfurcht vor Gott und den Glauben an ihn kennen und schätzen gelernt. Er selbst lebte in vielen Bereichen seines Lebens aus diesem Glauben (Hebräer 11,20). Rebekka dagegen war in einem Elternhaus des Götzendienstes groß geworden (1. Mose 31,19) und hatte den Gott Abrahams durch die Brautwerbung und durch ihren Mann Isaak kennen gelernt. Sie kannte von Hause aus nicht die Redlichkeit und Aufrichtigkeit, die aus der Beziehung zu Gott entsteht. Ihr Bruder Laban war ein Betrüger und ihr späteres Verhalten macht diese verwandtschaftliche Beziehung deutlich. Isaak hatte in seinem Elternhaus nicht die innige Gemeinschaft seiner Eltern kennen gelernt. Sein Vater Abraham lebte seinen Glauben, nahm aber Sara, seine Frau, nicht mit in das Erlebnis mit Gott hinein. Isaak handelt in seiner Ehe genauso. Auch er lebt seinen Glauben allein. Mit seiner Frau spricht er nicht über die Kinder, nicht über den Segen, den er weitergeben will, nicht über das Erstgeburtsrecht usw.

So kommt es dazu, dass Rebekka das Wort, das Gott ihr über ihre beiden Söhne gibt, nicht mit Isaak bespricht und nur für sich die Schlussfolgerungen daraus zieht: Wenn Gott den jüngeren Jakob auserwählt hat, dann werde ich ihn bevorzugt behandeln. Isaak aber denkt, dass der Erstgeborene der Segensträger sein wird, und schenkt ihm seine Aufmerksamkeit:

> *„Und die Jungen wuchsen heran. Esau wurde ein jagdkundiger Mann, ein Mann des freien Feldes; Jakob aber war ein gesitteter Mann, der bei den Zelten blieb. Und Isaak hatte Esau lieb, denn Wildbret war nach seinem Mund; Rebekka aber hatte Jakob lieb."* 1. Mose 25,27-28

Wie sehr sind auch unsere Familien an diesem Punkt gefährdet. Oft machen wir uns die Gefahr bei der Erziehung nicht bewusst. Doch wie häufig geschieht es, dass die Charaktereigenschaften des einen Kindes uns näher liegen als die des anderen. Wenn der eine Sohn nur mit Puppen spielt und kein Interesse an den Hobbys des Vaters zeigt, der vielleicht kein

Fußballspiel versäumt. Man kann sehr gut nachvollziehen, wie Isaak begeistert ist von seinem praktisch veranlagten Sohn, der nicht nur Jäger, sondern auch ein hervorragender Koch wurde. Mutter Rebekka dagegen ist ganz hin und weg von dem so ordentlichen Jakob, dem Traum einer jeden Schwiegermutter ...

Hier erkennen wir die Tragik, die entsteht, wenn Vater oder Mutter in einer Familie Lieblingskinder haben, die sie bevorzugen, auf die sie setzen. Das bringt selbst die beste Ehe auseinander. Bei Isaak und Rebekka geht die gegensätzliche Erziehung ihrer Kinder sogar so weit, dass das jeweilige Lieblingskind zum Partnerersatz wird: Rebekka bespricht alle Dinge nur mit ihrem Jakob, Isaak weiht nur Esau in seine Gedanken ein.

Die Tragödie setzt sich fort

Nicht genug damit, dass Jakob seinem Bruder Esau das Erstgeburtsrecht abkauft. Der große Betrug um den Segen ist der Höhepunkt, der die ganze Familie auseinander bringt. Lesen wir dazu in 1. Mose 26 und 27. Stellen wir uns anschließend die Fragen: Was haben Isaak und Rebekka falsch gemacht?

Fangen wir mit der Mutter an:

27,6: Rebekka hört, wie ihr Mann mit Esau spricht. Sie spricht aber nicht mit Isaak darüber, sondern mit ihrem Lieblingssohn und plant mit ihm den Betrug.

27,8 Sie gibt Jakob einen falschen Rat,

27,13 und ist sogar bereit, den Fluch auf sich zu nehmen.

27,15 Sie übernimmt die Initiative, sie brät das Essen für Isaak, sie präpariert Jakob, damit er wie Esau erscheint.

27,42 Sie hört von den Rachegedanken Esaus, aber spricht wieder nicht mit Isaak darüber, sondern plant mit Jakob dessen Flucht.

27,46 Und unter falschem Vorwand sorgt sie dafür, dass Jakob in ihre Heimat flieht.

Und was hat Isaak bei dieser Begebenheit falsch gemacht?

26,34 Er hatte seinen Söhnen nicht die Grundsätze zum Heiraten aufgezeigt. So wird die Ehe Esaus für seine Eltern zum *Herzeleid*.

27,1-4 Und doch will er Esau segnen, ohne Gott zu fragen. Er handelt nur aus seinem Gefühl heraus.

27,18-29 Er segnet Jakob, den vermeintlichen Esau, obwohl er Zweifel bekommt.

27,33 Er erschrickt, als er den Fehler merkt, aber er tut keine Buße und stellt Rebekka und Jakob nicht zur Rede.

27,46 Er zieht Rebekka und Jakob nicht zur Verantwortung, er schweigt zu allem und lässt es laufen.

Und alles hatte seinen Ursprung darin, dass ein Ehepaar, das gut begonnen hatte, sich nicht gemeinsam über die Erziehung klar wurde, nicht im Gespräch miteinander war und kein gemeinsames Glaubensleben führte. Ob wir daraus lernen können, bevor es zu verhängnisvollen Auswirkungen kommt?

Ich möchte hier im Anschluss noch einige Gründe für unterschiedliche Erziehung der Elternteile und die daraus entstehenden Folgen aufzeigen:

Mögliche Ursachen für unterschiedliche Erziehung

1. Äußere Unterschiede:

- Die eigenen Eltern hatten vielleicht unterschiedliche Maßstäbe für ihr Leben und ihre Erziehung.
- Vielleicht hatte jemand nur einen Elternteil und wurde so durch ihn allein erzogen.

- Möglicherweise war der eine gläubig, der andere ungläubig.
- Oder man kam aus unterschiedlichen soziale Schichten oder hatte gegensätzliche Lebensgewohnheiten.
- Man hatte unterschiedliche Einstellung zum Geld, zum Haushalten, zur Disziplin usw.

2. Innere Unterschiede:

- Es gibt unterschiedliche Charaktere bzw. Temperamente der Ehepartner.
- Einer der beiden hat möglicherweise eine besonders enge Bindung an die Eltern. Bei Isaak ist eine enge Mutterbindung zu erkennen, vgl. 1. Mose 24,67: *„Und Isaak führte sie in das Zelt seiner Mutter Sara, und er nahm Rebekka, und sie wurde seine Frau, und er hatte sie lieb. Und Isaak tröstete sich nach dem Tode seiner Mutter.“* Zu diesem Zeitpunkt war seine Mutter Sara bereits seit 3 Jahren verstorben.
- Einer oder beide haben eine besonders starke Bindung an eins ihrer Kinder.
- Oder es gibt eine innere Kontrastellung durch Enttäuschung am Verhalten des Ehepartners.
- Gereiztheit im Verhalten zueinander durch Stress, Monatszyklus, Wechseljahre, Midlife-Crisis, sexuelle Erwartungen oder Enttäuschungen.

3. Geistliche Unterschiede:

- Wissen sich Vater und Mutter von Gott zusammengeführt?
- Wie stehen sie zur biblischen Schöpfungsordnung Gottes?
- Wird in ihrer Familie wirkliche Vergebung praktiziert oder wird Vergangenes immer wieder vorgehalten?
- Wie genau nehmen es die Eheleute mit dem Wort Gottes?

Folgen gegensätzlicher Erziehung

1. Folgen für das Ehepaar selbst:

Am Beispiel Isaaks und Rebekkas werden die Folgen leider erschreckend deutlich.

- Man geht innerlich getrennte Wege, man spricht nicht mehr miteinander. Es herrscht häufig eine unterkühlte Atmosphäre in der Familie.
- Spannungen im Umgang miteinander, ein vorwurfsvoller Umgangston, ständiges Schmollen oder auch sexueller Entzug vergifteten die Atmosphäre der Familie.
- Man redet nicht mehr als Eheleute miteinander, sondern nur noch über die Kinder. Eine gereizte Atmosphäre ist die Folge.
- Jeder „kocht sein eigenes Süppchen". Man lebt nur noch eine Zweckgemeinschaft und hält um der Kinder oder der Nachbarn willen einen Burgfrieden.
- Man resigniert innerlich und lässt alles laufen.
- Man sucht Verstärkung, Unterstützung bei den Kindern, Eltern oder Bekannten ...
- Halten wir uns vor Augen: *Jede dritte Ehe in Deutschland wird geschieden.*

2. Folgen für die Kinder:

- Kinder kommen durch solch eine familiäre Situation in eine innere Zerreißprobe, da sie zwischen beiden Eheteilen stehen.
- Um zu überleben, werden sie raffiniert, lernen zu lügen und können später kaum echte Beziehungen zu anderen Menschen aufbauen.
- Traurigkeit und Mutlosigkeit tritt bei ihnen auf, vgl. Kolosser 3,21: *„Ihr Väter, ärgert eure Kinder nicht, auf dass sie nicht mutlos werden."*

- Entwicklungsstörungen sind bei den Kindern zu verzeichnen; sie wollen nicht erwachsen werden oder sie brechen schon früh aus der Familie aus. Frühehen, Eheunfähigkeit oder Suchtgefahr sind weitere Folgen.

Welche Erziehungsziele sollten wir denn haben?

Um unsere Kinder in der Verantwortung Gott gegenüber zu erziehen, brauchen wir konkrete Ziele, die wir anstreben. Erst dann, wenn wir uns als Eltern darauf geeinigt haben, können wir uns Gedanken über die Wege dahin machen. *Wer das Ziel nicht kennt, kann den Weg nicht finden!* In den Kapiteln 16 und 19 werden wir uns weiter damit beschäftigen.

Hauptziel unserer Erziehung muss sein, unsere Kinder zu Jesus zu führen, d.h., dass sie ein Leben mit ihm beginnen und ein Leben mit ihm führen. Der Herr Jesus sagt es in Markus 10,14 mit einfachen Worten, die den Kern treffen:

„Lasst die Kinder ***zu mir*** *kommen!"*

Christliche Erziehung heißt nicht, nur christliche Gebote, Regeln und Verhaltensweisen aufstellen, sondern den Weg in der Gemeinschaft mit dem Herrn Jesus vorleben.

Unsere Kinder sollen Gottes Wort kennen lernen und die Tatsachen der Heilsgeschichte.

Sie sollen den Herrn Jesus kennen und lieben lernen.

Sie sollen die göttliche Vergebung kennen lernen und somit Kinder Gottes werden.

Darüber hinaus sollen sie lernen, anderen zu vergeben und in Hingabe zu leben.

Sie sollten an uns lernen, nicht egoistisch, sondern für andere zu leben.

Und sie sollen lernen, ein Leben in der Heiligung zu leben (Galater 5,22; 2. Timotheus 1,7; Psalm 119,1.9).

Die Furcht Gottes ist der Weisheit Anfang
Kurz gesagt: Wir wollen unsere Kinder
- zum Glauben,
- zur Gemeinde,
- zur Hilfsbereitschaft (Mitarbeit in der Familie),
- zur Ordnung erziehen.

Wie können wir gemeinsame Erziehungsziele vermitteln?

An dem Beispiel von Isaak und Rebekka wird klar, dass ein gelebtes Vorbild in der persönlichen und gemeinsamen Beziehung zu Gott, sowie das Vorbild einer innigen ehelichen Beziehung zur Einheit in der Erziehung geführt hätte. Lasst uns aus dem negativen Beispiel lernen.

Was aber, wenn wir Fehler gemacht haben?

Lasst uns durch Buße und Vergebung einen Neuanfang wagen. Bekennt eure Fehler vor Gott, vor einander und vor den Kindern. Betet als Ehepaar miteinander, füreinander und für eure Kinder. Und sprecht miteinander offen über eure Vergangenheit, über die Gegenwart und über eure Gedanken und Vorstellungen eurer Zukunft. Kindererziehung ist gemeinsame „Kniearbeit"!

Fragen zum Nachdenken:
- Wo haben sich in unserer Familie gegensätzliche Erziehungsstile eingeschlichen? Wodurch kamen sie?
- Welche Erziehungsziele wollen wir gemeinsam erarbeiten und verwirklichen?

7.

Wann wird Vater endlich Vater?
Zu Besuch bei Jakobs Familie

Männer sind schon eine eigenartige Spezies, nicht wahr? Besonders solche, die eine besonders ausgeprägte Mutterbindung haben. Vor einiger Zeit musste ich einem jungen verlobten Mann, der weit mehr um seine durchaus noch vitale Mutter besorgt war als um seine Braut, sagen: „Du wirst dich entscheiden müssen, wen du heiraten willst: Deine Mutter oder deine Braut!“ Nun, er hat seine Braut geheiratet, aber die Ehe wurde zu einer Katastrophe. Sie zogen zu den Eltern ins Haus, um die Miete zu sparen. Aber vom ersten Tag an war die Spannung mit Händen zu greifen: Die junge Frau wurde von der Schwiegermutter nur kritisiert, nichts machte sie ihr recht. Ihr Ehemann stand nicht zu ihr, vielmehr ging er jeden Tag nach der Arbeit zuerst zu seiner Mutter, ließ sich „durchfüttern“ und machte Reperatuerarbeiten in ihrem Haushalt. Wenn er dann in die eigene Wohnung ging, war der Abend bereits gelaufen. Die junge Frau war total frustriert. Mit jedem Kind, das geboren wurde, hoffte sie, dass jetzt endlich ihr Mann sich zu ihr stellen würde ...

Nicht umsonst sagt Gott bereits dem ersten Ehepaar:

„Darum wird ein Mann seinen Vater und seine Mutter verlassen und seiner Frau anhangen, und sie werden ein Fleisch sein" 1. Mose 2,24.

Und das, obwohl Adam und Eva selbst keine Eltern bzw. Schwiegereltern hatten. Aber Gott möchte sie warnen, ihre eigenen Kinder an sich zu binden. Das sollte uns als Eltern stets bewusst sein: Unsere Kinder sind nicht unser Eigentum, wir haben sie abzugeben und loszulassen. Kinder sind uns von Gott leihweise für eine gewisse Zeit der Erziehung anvertraut. Und wir haben sie zur Selbständigkeit zu erziehen, damit sie dann ihre eigenen Kinder erziehen können.

Ein negatives Beispiel in der Bibel

Die Lebensgeschichte Jakobs ist ein treffendes Beispiel dafür, welche Auswirkungen es für die Familie hat, wenn ein Mann sich innerlich nicht vom Elternhaus lösen kann und seiner Rolle als Vater nicht nachkommt.

Zunächst braucht er viele Jahre, bis er sich von Mutters Küche lösen kann. Und auch das geschieht nicht freiwillig. Der Druck der Situation zwingt ihn zur Flucht vor der Rache seines Bruders Esau. Immerhin ist Jakob zu diesem Zeitpunkt bereits 75 Jahre. Also nicht mehr der Jüngste!

Vier Lebensabschnitte können wir im Leben Jakobs feststellen: Die ersten 75 Jahre verbringt er im Elternhaus. Dann ist er 21 Jahre in Haran. Die nächsten 34 Jahre lebt er in Kanaan und die letzten 17 Jahre in Ägypten. Er wird 147 Jahre alt.

Die belastende Vergangenheit

Auf der Suche nach dem Segen Gottes, hatte er seinen Bruder durch Betrug und Lüge überlistet. Er hatte ebenso wie seine Mutter Rebekka Gott nicht zugetraut, dass er seine Verheißungen erfüllen könnte, und zur Selbsthilfe gegriffen. So startet er in die Fremde mit einem Rucksack voller Schuld gegenüber Gott und Menschen (1. Mose 28). Aber Flucht ist nie eine Lösung! Wie viele Menschen sind auf der Flucht vor ungelösten Dingen aus ihrer Vergangenheit, statt sie durch Buße und die Bitte um Vergebung zu lösen! Selbst die Begegnung mit Gott bringt Jakob nicht zur Umkehr (1. Mose 24,10-22). Es soll noch 21 Jahre dauern, bis er vor Gott innerlich zerbricht! Wie anders hätte sein Leben verlaufen können ohne das schlechte Gewissen und die unbereinigte Schuld.

Jakob flieht in die Arbeit

So ist Jakobs Leben - wie das Leben vieler Menschen - geprägt von der Flucht in die Arbeit. Hier geht er innerlich voll auf. Er wird ein Spezialist in Kleinviehzucht und man bekommt den Eindruck, dass er zum Workaholik wird. Er ist mehr bei seinen Herden als bei seiner wachsenden Familie.

Die Ehe Jakobs - eine Karikatur dessen, was Gott gewollt hat

Es ist schon tragisch, wenn wir die nächsten 21 Jahre in Haran beobachten. Er heiratet, wird betrogen und betrügt selbst. Im Grunde seines Herzens bleibt er ein Junggeselle, obwohl er vier Frauen hat und insgesamt 13 Kinder bekommt. Doch der Erfolg im Beruf scheint ihm wichtiger zu sein als seine Familie. Hier entwickelt er sich zum Versager. Er wird zum Spielball seiner Frauen. Sie sagen ihm, bei wem er die Nacht verbringen darf, und er lässt sich schieben. Sie bestimmen die Namen der Kinder, sie kümmern sich um die Erziehung. Er kümmert sich nicht viel darum , sondern lässt die Familie treiben.

Man könnte Jakobs Situation so charakterisieren: Ein „Stall" voller Kinder; selbst aber ein „Arbeitstier", das nie zu Hause ist, und seine Frauen zu „allein Erziehenden" macht.

Wie viele Männer gleichen heute diesem Schema! Sie bleiben Egoisten, die nicht erwachsen werden wollen und ihre Verantwortung, die sie vor Gott für ihre Familie haben, nicht wahrnehmen. Sie haben ihre Arbeit, ihre Hobbies, ihre Freunde und Kollegen - und ihre Frauen vereinsamen trotz vieler Kinder. Oder - eine andere Variante des Themas - sie werden, wenn Kinder geboren werden, selbst wieder zum Kind, das sich von der Ehefrau wie von der eigenen Mutter verhätscheln lässt.

Erneute Flucht - und Umkehr

Doch Jakobs unbewältigte Vergangenheit holt ihn ein. Und wieder verhält er sich nach dem alten Lebensstrickmuster: Er flieht, statt die Auseinandersetzung mit seinem Schwiegervater Laban zu klären (1. Mose 31). Doch dann - auf dem Weg zurück - holt Gott ihn endlich ein. Jakob merkt plötzlich: Ich stecke in einer Zwickmühle. Zurück kann ich nicht mehr - dort ist Laban. Auf beiden Seiten sieht er die Heerlager Gottes (1. Mose 32,2-3) und von vorne kommt sein Bruder Esau mit 400 Mann! Hier endlich kommt Jakob zum inneren Zerbruch. Er schreit zum ersten Mal zu Gott. Ein heftiger Kampf ist das, bis er endlich eine persönliche Beziehung zu Gott beginnt. Hosea 12,5 schildert es so:

> *„Er kämpfte mit dem Engel und überwand, er weinte und flehte zu ihm."*

Pnuel wird für Jakob zur entscheidenden Lebenswende. Nicht nur für sein persönliches Leben, sondern auch für das Leben seiner Familie! Erst nach dieser entscheidenden Nacht kann er einen Schnitt in seinem Leben machen. Erst danach kann er seine Vergangenheit mit seinem Bruder regeln (1. Mose 33). Erst danach baut er einen Altar (1. Mose 33,20), räumt er sein Zuhause auf (1. Mose 35,2), erst danach kann er loslassen (1. Mose 35,20), übernimmt er die Verantwortung in der Familie. Er gibt zum ersten Mal einem Kind den Namen (1. Mose 35,18) und erst danach sehen wir, dass er sich (bei Josef) um die Erziehung kümmert (1. Mose 37,2-10).

Mein Vatersein prägt das Gottesbild meiner Kinder

Die Frage, die wir uns als Väter zu stellen haben, ist: Hatten wir unser Pnuel? Hatten wir eine so intensive Begegnung mit Gott, in der wir mit ihm allein waren, ohne alle Stützen, ohne eine Hintertüre? Hatten wir einen wirklichen Zerbruch, der zum Anklammern an Gott führte? Eine Stunde, in der wir mit Gott unsere Vergangenheit klärten und in der wir unsere Rolle als Väter bewusst annahmen?

Ich weiß nicht, wie du deinen Vater in Erinnerung hast - vorausgesetzt, du hattest einen. War er nie anwesend? Oder, obwohl anwesend, doch irgendwie abwesend? War er lasch oder hart? Und wie bist du als Vater?

Zum ersten Mal wurde mir dieser Zusammenhang bewusst, als ich vor Jahren in der Jugendgruppe dieses Thema behandeln wollte. Vor mir saß ein Junge, dessen Vater in keiner Weise seiner Vaterrolle nachkam. Er stand, wie man im Volksmund allgemein sagt, „unterm Pantoffel" seiner Frau, gab ein klägliches Bild ab und wurde von seinen Söhnen verachtet. Wie sollte ich ihm Gott als Vater vorstellen, wo er nie einen echten Vater erlebt hatte?

Ulrich Parzani sagte einmal: „Wenn wir vom menschlichen Vorbild eines Vaters auf Gott schließen, kommen wir in eine Sackgasse. Anders herum müssen wir Väter von Gott lernen, was wirkliche Vaterschaft bedeutet."

Mein Gottesbild prägt mein Vatersein

Wenn ich anderen ein gutes Vorbild sein will, muss ich selbst ein gutes Vorbild haben. Da bete ich vielleicht Sonntag für Sonntag „Vater unser ..." und kenne Gott doch nur als den fernen, strafenden, unnahbaren und unberechenbaren Gott und nicht als einen Vater, der mich ganz persönlich lieb hat und sich um mich kümmert.

Wie kann ich Gott wirklich als Vater kennen lernen?

Als der Herr Jesus seinen Jüngern von seinem Vater erzählte, schien es so, als wenn sie Sehnsucht bekommen hätten, diesen wirklichen Vater im Himmel kennen zu lernen. Philippus bat ihn deshalb: *„Herr, zeige uns den Vater. Und es genügt uns."* Johannes 14,8

Der Herr Jesus sagte ihm darauf:

> *„Philippus, so lange Zeit bin ich bei euch, und du hast mich nicht erkannt? Wer mich gesehen hat, hat den Vater gesehen!"*
> Johannes 14,9

Das heißt: Ich kann das wirkliche Wesen Gottes nur in seinem Sohn Jesus Christus erkennen. Er zeigt mir seine ganze Liebe darin, dass er für mein Versagen und für meine Sünden auf Golgatha starb. Wenn ich ihn so im Bekennen meiner Schuld im Herzen aufnehme, werde ich Gottes Kind und er mir Vater. So lerne ich ihn kennen als liebenden, vergebenden, fürsorglichen Vater und an ihm lerne ich, was wirkliches Vatersein für meine Kinder bedeutet.

Ob es uns bewusst wird? Unser Vorbild als Väter prägt nicht nur die Frage unserer Kinder nach dem Sinn des Lebens, sondern auch das Bild, das sie von Gott haben werden: „Hat Vater (Gott) Zeit für mich? Nimmt Vater (Gott) mich ernst? Ist Vater (Gott) gerecht? Kann ich mit ihm sprechen? Ist er nachtragend oder versöhnend? Hat er mich lieb?"

Du wirst sagen: „Ich bin doch nicht Gott, sondern nur ein Mensch!", und: „Mein Vater war auch nicht besser!" Das mag sein. Aber auch daraus resultiert *dein* Bild, das *du* von Gott hast, und das du deinen Kindern vermitteln wirst.

Fragen zum Nachdenken:

- Komme ich meiner Verantwortung als Vater nach?
- Habe ich eine ganz persönliche Beziehung zu Gott, aus der heraus mein Gottes- und damit mein Vaterbild entstand?

8.

Kinder in einer kinderfeindlichen Welt
Zu Besuch bei Amrams Familie

Man hat den Eindruck: Noch nie war der satanische Kampf gegen Ehe und Familie so heftig wie heute. Warum? Ich denke, weil gerade die Ehe in der Bibel ein Bild für die Beziehung der Gemeinde, des neutestamentlichen Volkes Gottes, zu Jesus Christus ist (Epheser 5,22-33). Doch auch zur Zeit, als Israel in Ägypten war, scheint der Feind ein besonderes Augenmerk auf das Volk Gottes gehabt zu haben, um es auszulöschen und ihm zu schaden.

Wie schnell können sich doch die Verhältnisse der Weltgeschichte ändern! Einst hatte sich das Volk Israel in der fruchtbaren Landschaft Gosen richtig wohlfühlen können. Sie hatten unter dem direkten Schutz des Pharao gestanden. Aber nun?

Unter der Gewaltherrschaft des ägyptischen Despoten waren äußerst schwere Zeiten für das Volk Gottes hereingebrochen. Von Sonderrechten keine Spur mehr. Ganz im Gegenteil. Geknechtet wurden sie. Ausgebeutet und zu menschenverachtender Sklavenarbeit angetrieben. Und man konnte sich noch nicht einmal dagegen wehren. Die Macht war auf der anderen Seite. Können wir uns vorstellen, mit welchen Ängsten und Sorgen im Blick auf Gegenwart und Zukunft die Israeliten im Land Ägypten lebten (2. Mose 1,8-2,10)? Das waren schon schwierige Zeiten im Volk Gottes!

In dieser furchtbaren und bedrohlichen Zeit wollen Amram und Jochebed aus dem levitischen Stamm Israels heiraten. Gibt es für sie eine Zukunft? Ist es überhaupt ratsam zu heiraten? Kann man es verantworten, Kinder in die Welt zu setzen, wo voraussehbar ist, dass sie nur Sklavenarbeit machen werden? Wie bedrückend muss diese Zeit für das junge Brautpaar sein. Wie beklemmend, sich den Haushalt einzurichten.

Werden heute nicht ähnliche Fragen gestellt? Sind die heutigen Zeiten nicht ebenfalls schwierig? Nein, Verfolgung und Bedrückung haben wir bei uns - dem Herrn sei Dank - zur Zeit nicht. Aber ist der Druck der Meinungen nicht ähnlich stark? Ist es ratsam zu heiraten angesichts der Rezession im Land oder angesichts der hohen Scheidungsraten? Kann man es verantworten, angesichts von Umwelt- und Inweltvergiftung Kinder in die Welt zu setzen? Gibt es für junge Ehepaare denn überhaupt eine Zukunft?

Doch Amram und Jochebed sind sich einig in ihrem Glauben an ihren Gott. Sie haben für ihre Ehe die gleiche Grundlage: Die Zugehörigkeit zum Volk Gottes und das Wissen, dass Gott ihr Gott ist. Jochebed hat bezeichnenderweise als erste Frau in der Bibel in ihrem Namen den Namen Gottes: *Jahwe ist Reichtum.* Und diesen Reichtum Gottes erfährt sie: Ein Junge wird geboren, dann ein Mädchen. Ob Amram und Jochebed trotz der schwierigen Umstände glücklich sind?

Doch nun kommt wie aus heiterem Himmel dieses irrsinnige, furchtbare Gebot des ägyptischen Herrschers, dass allen Ägyptern das Recht gibt, männliche Säuglinge der Israeliten zu ermorden! Das ist der Gipfel des Ausländerhasses! Brutaler Völkermord ist das! Gibt es denn keinen Gott im Himmel, der diesem himmelschreienden Unrecht ein Ende setzt? Wo ist der

Gott ihrer Väter, der sie bis hierher geführt hat? Not lehrt beten, sagt man. Und Israel schreit zu Gott!

Und Amram und Jochebed? Ausdrücklich wird von ihnen gesagt, dass sie das Gebot des Königs nicht fürchteten (Hebräer 11,23)! Ist die Geburt des dritten Kindes nicht unverantwortlicher Leichtsinn? Wie werden ihre Nachbarn die Geburt des kleinen Mose beurteilen?

Und wie sieht das heute aus? Im Zeitalter der Abtreibung werden Eltern mit drei und mehr Kindern in unserem Land schon fast als asozial abgestempelt. Wie kann man nur so unverantwortlich sein? Und der Arzt fragt unverblümt nach, ob man nicht die Pille verschrieben haben möchte ...

Wir sollten jungen Eltern Mut machen, Kinder aufzuziehen. Welcher Segen liegt darauf! Ich bin sehr dankbar und froh, dass viele christliche Eltern diese schöne Aufgabe von Herzen wahrnehmen. Wie ermutigend sind Gemeinden mit einer großen Kinderschar! Ja, dass wir unsere Kinder mit den Augen Gottes sehen könnten.

Versuchen wir uns einmal vorzustellen, wie die Monate der Schwangerschaft im Hause Amrams aussahen. Da ist die Angst, dass jemand in der Nachbarschaft etwas von der Schwangerschaft mitbekommt, dass die beiden älteren Geschwister etwas ausplaudern. Das Warten auf das „freudige Ereignis" wird zu einem beängstigenden Ereignis. Wie kann man bei solch einer inneren Spannung trotzdem ruhig bleiben? Ich hörte einmal einen Arzt sagen: „Die Erziehung des Kindes beginnt mit der Zeugung (!) und endet mit der Geburt." Ich denke, er wollte damit ausdrücken, dass die Zeit der Schwangerschaft bereits entscheidend für die Entwicklung des Kindes ist. Ängste, Beklemmungen und Nöte mögen sich auf das Kind auswirken.

Aber von Amram und Jochebed heißt es, dass sie Glauben hatten - auch bereits in der Zeit der Schwangerschaft. Und ich denke, dass dieser Glaube sich auch im Leben des kleinen Mose ausgewirkt hat.

Und dann wird der kleine Mose geboren. Können wir uns daran erinnern, als unsere Kinder geboren wurden? Welch ein Wunder Gottes ist jede Geburt. Wie staunend hält man das kleine schreiende Bündel im Arm und schaukelt es. Schaut es immer und immer wieder an. Die eigenen Kinder sind immer die schönsten, sagt man. Aber Amram und Jochebed sehen ihr Neugeborenes noch mit anderen Augen an als andere Eltern - sie sehen es mit den Augen Gottes:

> *„In dieser Zeit wurde Mose geboren, und er war 'schön' für Gott!"* (Apostelgeschichte 7,20)!

Ob wir diesen Blick für unsere Kinder auch gewinnen können? Schau dir deine Kinder immer wieder an und frag dich: Was könnte Gott aus meinem Kind machen? Was ist für Gott mein Kind wert? Für dieses Kind ist Gottes Sohn gestorben! So viel ist es Gott wert!

Die nächsten drei Monate im Hause Amrams verlaufen überaus nervös, trotz allen Glaubens. Wie hält man ein Kind ruhig, obwohl man sich über jeden Ton freuen möchte?! Welche Not steckt in dieser kurzen Bemerkung: *„Und als sie ihn nicht länger verbergen konnte ..."* (2. Mose 2,3). Wie mögen sich die jungen Eltern beraten, mögen sie gebetet und überlegt haben: „Wie kann es weitergehen? Was hat Gott mit unserem Kind vor?"

Hier wird der unerschütterliche Glaube des jungen Elternpaares sichtbar. In dieser Zuversicht auf ihren Gott verbergen sie das Kind (Hebräer11,23). Und dieses Vertrauen hilft ihnen auch, ihr Kind in Gottes alleinige Verantwortung abzugeben, indem sie es in dem Kästchen ins Schilf des Todesflusses setzen.

Und Gott, ihr Gott, belohnt ihr Vertrauen: Sie bekommen das Kind sozusagen von Gott wieder zurückgeliehen! Ihnen wird deutlich: Kinder sind eine „Leih"-Gabe Gottes an uns Eltern. Die ägyptische Prinzessin gibt ihnen den Auftrag, dieses Kind für sie zu erziehen, auf ein Leben am ägyptischen Hof vorzubereiten.

Kleinkinderziehung - wichtig für ein Leben für Gott!

Und wieder fürchten Amram und Jochebed das Gebot des Königs (bzw. der Prinzessin) nicht. Sie nutzen stattdessen die Zeit der Kleinkindererziehung, um Mose für Gott und zu Gott hin zu erziehen! Ihnen ist bewusst: Die nächsten Jahre wird ihr Kind von anderen erzogen werden, und sie als Eltern werden keinen Einfluss mehr darauf haben.

Hier wird deutlich, wie wichtig die Kleinkinderziehung im Leben eines Menschen ist! Wie schnell geben wir die Erziehung unserer Kinder in andere Hände: Kindergarten, Schule, Lehre und Studium werden unsere Kinder prägen und wir werden nur noch wenig Einfluss darauf haben, was sie lernen, und wenig Korrekturmöglichkeiten haben.

Nehmen wir uns ein Beispiel an den Eltern des Mose: Statt ihn für die Welt der Karriere zu erziehen, geben sie ihm in dieser kurzen Zeit des Babyalters bereits die Grundlagen für die Arbeit im Volk Gottes mit! Der gelebte Glaube der Mutter und der Gott seines Vaters (2. Mose 3,6) prägen das Leben des Jungen. Sie lehren ihn in frühester Kindheit die Verheißungen Gottes, seine Zugehörigkeit zum Volk Gottes sowie die Geschichte und das Ziel Gottes mit seinem Volk (biblische Geschichte für Kleinkinder!). So wird er sensibilisiert gegen die Welt, Kultur und Weisheit, der er am Hof des Pharao ausgesetzt sein wird.

Dann bekommt Mose jahrzehntelang die Ausbildung zur Karriere! Vielleicht würden wir sagen: Welch eine Chance! Er wird erzogen *„in aller Weisheit der Ägypter, er war aber mächtig in seinen Worten und Werken“* (Apostegeschichte 7,22). Er wurde Adoptivsohn der Tochter des Pharao! Das heißt nicht nur, dass er schreiben, rechnen und lesen lernte, nicht nur, dass er von unglaublichem Luxus und Reichtum umgeben war. Er wuchs auch in einer überaus sündigen, kultisch und religiös völlig anderen Welt auf als die der Israeliten. Wer nur ein wenig die Geschichte der Pharaonenzeit studiert, wird sich ein Bild machen können, in welch einer Umgebung Mose heranwuchs.

Welche Erziehung prägt das Leben unserer Kinder?

Ob uns bewusst geworden ist, wie wichtig Kleinkinderziehung ist? Wenn wir diese Zeit nutzen, um unseren Kindern Gott, Jesus Christus, sein Wort und seine Gemeinde liebzumachen, geben wir ihnen das Beste mit, was wir vererben können.

> *„Erziehe den Knaben seinem Weg (*seinem Alter*) gemäß, er wird nicht davon weichen, auch wenn er alt ist.“* Sprüche 22,6
>
> *„Ihr Väter, erzieht sie in der Zucht und Ermahnung des Herrn!“* Epheser 6,4

Welch hohe Aufgabe gibt uns Gott, indem er uns unsere Kinder anvertraut. Kommen wir unserer Verantwortung nach. Wie wichtig ist es, gerade in dieser Zeit der Kindheit, dass Vater und Mutter viel Zeit in ihre Kinder investieren.

Welch ein gutes Vorbild sind die Eltern von Aaron, Mirjam und Mose. Gott konnte sie gebrauchen, um sich drei Menschen zuzubereiten, die er in besonderer Weise für sein Volk gebrauchen wollte.

Mirjam wurde zur Prophetin in Israel, Aaron wurde der Hohepriester des Volkes und damit ein Vorbild auf Christus, Mose wurde der Führer und Prophet, der das Volk Israel in die Freiheit führen konnte, und damit ebenfalls ein Vorbild auf Christus.

Was könnte Gott aus deinen Kindern machen, wofür könnte er sie gebrauchen?!

Monika, die Mutter von Augustinus, hatte ihren Sohn im Glauben erzogen. Er führte zunächst 20 Jahre ein sündiges Leben, doch dann bekehrte er sich und fand zu dem gelebten Glauben seiner Mutter, die für ihn gebetet hatte.

Nutzen wir die Zeit, die Gott uns zur Erziehung unserer Kinder gibt, dass sie ihm einmal in Treue und Hingabe dienen können.

Fragen zum Nachdenken:

- Wie wichtig ist uns die Zeit der Kleinkinderziehung?
- Haben wir uns bewusst gemacht, wie Gott unsere Kinder sieht?

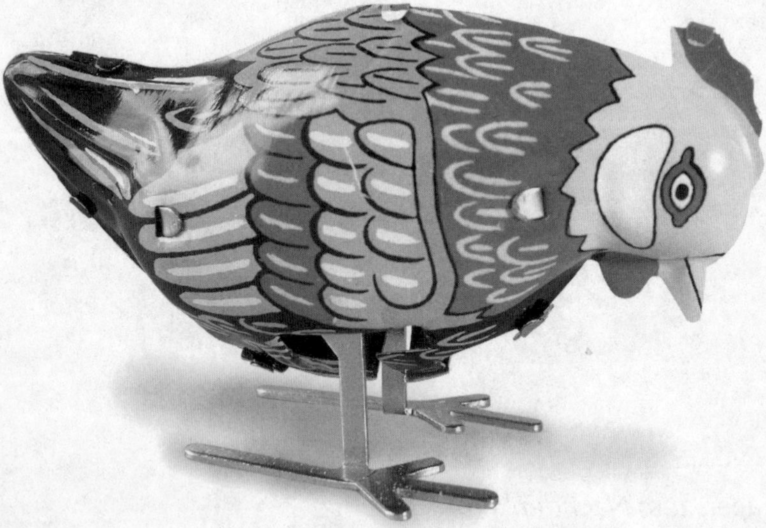

9.

Gute Erziehung trotz schlechter Vergangenheit?

Zu Besuch bei Rahabs Familie

Vorurteile sitzen tief. Geht dir das auch so? Neulich traf ich nach über 40 Jahren einen ehemaligen Klassenkameraden wieder, mit dem ich gemeinsam die Grundschule besucht habe. Als er sich mir zu erkennen gab, lief in meinem Kopf ein Film ab und ich erinnerte mich an all die Situationen, in denen er mich damals genervt hatte. Ich hatte ihn damals nicht ausstehen können, vor allen Dingen, weil ich mich seiner schämte, da er nicht nur mit mir die Schulbank drückte, sondern auch einige Jahre die gleiche Sonntagsschule besuchte. Er konnte damals immer so fromm reden und das war mir extrem unangenehm gewesen. Wir hatten uns dann in der Teenyzeit aus den Augen verloren, da er mit seinen Eltern weggezogen war. Das Letzte, was ich von ihm hörte, war, dass er keinen guten Weg ging. Nun stand er als ebenso alter Mann vor mir und stellte mir seine Frau und seine Kinder vor. Mein erster Gedanke war: Na, die werden wohl genauso nervig sein, wie er damals. Doch dann wurde ich nicht nur angenehm überrascht, sondern zutiefst beschämt. Er erzählte mir im Beisein der Kinder seine Geschichte: Wie er tatsächlich in eine starke Alkoholabhängigkeit abgerutscht war und seine erste

Ehe zur Katastrophe wurde. Aber dann berichtete er, dass der Herr Jesus ihn eingeholt, ihn zur echten Buße und Lebensumkehr geführt habe. Strahlend zeigte er auf seine Familie und bezeugte: „Der Herr Jesus hat mich zurückgeholt und ich bin dankbar und froh, dass ich ihm jetzt mit meiner Familie von Herzen dienen darf." Gott hatte ihn ähnlich wie mich in eine Gefährdetenhilfearbeit geführt und so besucht er nun ebenfalls seit Jahren Inhaftierte, um ihnen die frohe Botschaft der Vergebung zu bezeugen.

Unsere Vorurteile sagen uns: Einmal Versager, immer Versager; einmal schlechte Vergangenheit, immer schlechte Karten. Wie der Vater, so der Sohn. Wie die Eltern, so die Kinder. Aber das ist ja gerade die wunderbare Gnade Gottes, dass er uns die Chance der Umkehr und des Neuanfangs gibt.

Ein biblisches Beispiel

Die Familie der Rahab ist uns dafür ein treffendes Beispiel. Über Rahab und ihren Mann Salmon habe ich in meinem Buch „Unsere Ehe soll noch besser werden" ausführlich berichtet und aufgezeigt, wie wir mit unserer Vergangenheit fertig werden können. Heute möchte ich anhand ihres Sohnes aufzeigen, dass selbst bei einer schlechten Vergangenheit der Mutter eine gute Kindererziehung folgen kann.

Wir finden nicht viel über diese Familie, die zur Zeit des Einzugs des Volkes Israel ins Land Kanaan lebte. Rahab und Salmon hatten die dramatische Landeinnahme hautnah miterlebt. Rahab und ihre Familie waren die einzigen Überlebenden von Jericho gewesen (Josua 6,25). Trotz ihrer Vergangenheit als Prostituierte wurde sie nach den gesetzlichen Vorschriften vom Sinai in das irdische Volk Gottes aufgenommen, heiratete Salmon (Matthäus 1,5) und zog mit ihm nach Bethlehem (Rut

2,4). Hier wurde ihr Sohn Boas geboren und auferzogen (Lukas 3,32). Unser Vorurteil würde uns sagen: Was kann aus dem Sohn einer ehemaligen Prostituierten werden, hat solch ein Mensch nicht von vornherein schlechte Karten? Wie aber hat die Kinderstube eines Boas ausgesehen? Natürlich finden wir in der Bibel darüber keine direkten Aussagen, aber sein späteres Verhalten lässt uns Rückschlüsse ziehen, wie er erzogen worden ist.

Die Kinderstube des Boas

Wenn wir ihn im Buch Rut beobachten, stellen wir fest, dass er einen überaus guten Charakter, ein sauberes Denken, eine genaue Kenntnis der Gebote Gottes und ein offenes Herz für seine Arbeitnehmer und für die sozial Schwachen seines Volkes hat. Es wird von ihm berichtet, wie er mit seinen Arbeitern umging (Rut 2,4), wie er für Rut sorgte, dass sie genug Nahrung für ihre verarmte Schwiegermutter mitbekam, und wie er keine negativen Hintergedanken hatte, als Rut des Nachts zu ihm aufs Feld kam (Rut 3,7). Alles das lässt uns einen Blick in seine gottesfürchtige Erziehung tun, die er im Haus Salmons und Rahabs erhalten haben muss.

Dieses Beispiel macht mich froh und gibt mir Hoffnung für so viele Kinder, die aus einer schlechten Vergangenheit kommen. Dankbar erleben wir in unserer Gefährdetenhilfe, wie junge Menschen trotz schlechter Vergangenheit eine gesegnete Ehe erleben dürfen, und Gott Gnade gibt zu einer gottesfürchtigen Kindererziehung.

Fragen zum Nachdenken:

- Wie sah deine Kinderstube aus und wie wird die deiner Kinder aussehen?

Lufthansa

10.

Wohin führen wir unsere Kinder?
Zu Besuch bei Elimelechs Familie

„Meinen Kindern soll es mal besser gehen als mir! Sie sollen im Grünen aufwachsen und eine Ausbildung erhalten, damit sie alle Möglichkeiten haben, ihre Fähigkeiten zu entwickeln und ein sozial abgesichertes Leben führen können." Wir standen zu einigen Vätern zusammen und waren ins Diskutieren über die richtigen Erziehungsziele gekommen. Ein junger Vater stand eine ganze Zeitlang ruhig daneben und antwortete erst, als er gefragt wurde, was seine Ziele für seine Kinder seien. „Nun", sagte er zögernd, „ich weiß, dass ich bei meinem Beruf sicherlich meinen Kindern nicht viele Möglichkeiten geben kann. Ich werde ihnen kein Studium finanzieren können, und mein Einkommen reicht mal eben für unsere kleine Mietwohnung. Sie werden nicht jeder sein eigenes Zimmer haben und Taschengeld kann ich ihnen auch nicht zahlen. Aber ich möchte ihnen mitgeben, dass sie lernen, für andere da zu sein, dem Herrn Jesus in Treue zu dienen und gerne in der Gemeinde und der Mission mitzuarbeiten." Plötzlich war es in der Runde still geworden, und jeder verabschiedete sich betreten.

Ja, was sind die Ziele, zu denen wir unsere Kinder führen

wollen? William MacDonald sagte einmal auf einem Seminar: „Nirgendwo steht in der Bibel, wie ein Junge Präsident von Amerika wird, aber sehr wohl, was die Voraussetzungen für den Dienst der Ältesten in der Gemeinde sind. Offenbar hat Gott andere Prinzipien in der Erziehung als wir."

Wir leben in einer Zeit der Ziellosigkeit. Nicht nur in der Politik, sondern auch in der Erziehung. Wir suchen nach Methoden und versäumen es, biblische Werte zu vermitteln. Gottes Wort sagt bereits im 5. Buch Mose:

> *„Möchte doch dieses ihr Herz ihnen bleiben, mich allezeit zu fürchten und alle meine Gebote zu beobachten, auf dass es ihnen und ihren Kindern wohlgehe ewiglich!"*
> 5. Mose 5,29
>
> *„Und diese Worte, die ich dir heute gebiete, sollen auf deinem Herzen sein. Und du sollst sie deinen Kindern einschärfen und davon reden, wenn du in deinem Hause sitzest, und wenn du auf dem Wege gehst, und wenn du dich niederlegst, und wenn du aufstehst."*
> 5. Mose 6,6-7

Die Bibel zeigt uns ein negatives Vorbild

Und leider ahmen viele Eltern dieses Beispiel heute nach. Elimelech, ein Israelit aus dem Stamm Juda, hatte mit seiner Frau Noomi und seinen beiden Söhnen Machlon und Kiljon den siegreichen Einzug der Kinder Israel nach Kanaan miterlebt. Sie waren nach der Wüstenwanderung durch das Land Moab gekommen, hatten den Jordan durch ein Wunder trockenen Fußes durchschritten und miterelebt, wie Jericho gefallen war. Wie viele Wunder hatten sie im Volk Gottes gesehen und wussten, wie Gott sie in all den Jahren versorgt hatte. Doch kaum haben sie ihr Erbteil in Bethlehem (= Brothaus) in Besitz genommen, da geht Elimelech wegen einer Hungersnot mit seiner Familie den Weg zurück, den sie gekommen waren, und siedelt sich im Land Moab an, weil er meint, dass dies für ihn und seine Söhne besser sei (Rut 1). Hatte Elimelech die Worte Gottes vergessen, die er über Moab gesagt hatte:

> *„Es soll kein Ammoniter noch Moabiter in die Versammlung des Herrn kommen; auch das zehnte Geschlecht von ihnen soll nicht in die Versammlung des Herrn kommen ewiglich: deshalb weil sie euch nicht mit Brot und mit Wasser entgegengekommen sind auf dem Wege, als ihr aus Ägypten zogt; und weil sie Bileam, den Sohn Beors, aus Pethor in Mesopotamien, wider dich gedungen haben, um dich zu verfluchen. Aber der Herr, dein Gott, wollte nicht auf Bileam hören, und der Herr, dein Gott, wandelte dir den Fluch in Segen; denn der Herr, dein Gott, hatte dich lieb."*
> 5. Mose 23,3-5

Wie wenig achtet Elimelech sein Erbteil, wie wenig die Gemeinschaft des Volkes Gottes, wie wenig das Wort Gottes, die Gottesdienste und Feste des Herrn! Er vermittelt seinen Söhnen nicht das Gesetz des Herrn, die Bedeutung der Opfer und des Priesterdienstes, er macht ihnen nicht das Volk Gottes lieb und vermittelt ihnen nicht die Erfahrungen der letzten 40 Jahre, in denen Gott sein Volk geführt hatte.

Es kommt, wie es kommen muss: Der Weg Elimelechs endet anders, als er sich das gedacht hatte. Schon bald stirbt er, seine Söhne lernen moabitische Mädchen kennen und heiraten sie. Dann sterben auch Machlon und Kiljon, und Noomi bleibt mit ihren beiden moabitischen Schwiegertöchtern allein zurück. Kein Erbteil, keine Altersversorgung, keine Verwandtschaft. Sie ist Fremde im fremden Land.

Eltern sind Vorbilder

Wie ernst ist diese Familiengeschichte. Sie zeigt sehr deutlich, welche Verantwortung Eltern für ihre Kinder haben.

Wie viele Eltern denken nur an den Beruf des Vaters, wenn es um Wohnort und Wohnung geht. Der Reisebruder Karl Thewes sagte einmal im Blick auf das Leben Abrahams: „Bau dein Haus immer in der Nähe eines Altars!" Er wollte damit klar machen, wie wichtig der Standort der Gemeinde für die Familie ist. Wie viele Familien verzichten auf den Segen der Gemeinde, wenn es um den Beruf und das Einkommen geht. Eure Kinder werden eure Prioritäten nachahmen.

Was vermittelt ihr ihnen durch euer Vorbild?

- Erleben eure Kinder, dass ihr in der Gemeinde zu Hause seid?
- Erleben sie eure Mitarbeit in der Gemeinde als Freude, nicht als Belastung ?
- Erleben sie euren Umgang mit den Geschwistern, erleben sie eure Gastfreundschaft?
- Erleben sie euer Reden über die Geschwister?
- Erleben sie eure Fürbitte und tätige Anteilnahme?

Wohin führen wir unsere Kinder?

Das falsche Vorbild Elimelechs hatte katastrophale Auswirkungen für seine Familie!

- Er ging aus dem „Brothaus" weg.
- Er ging aus dem Volk Gottes weg.

- Er erlaubte seinen Söhnen, fremde Frauen zu heiraten.

Die Folge war Not, Elend, Tod, Bitterkeit und innere Leere. Gott zeigt uns andere Schwerpunkte für unsere Familien auf und warnt uns durch negative Beispiele. Ob wir daraus lernen? Sprecht als Ehepaar darüber und kommt zu Ergebnissen, die zum Wohl und Segen eurer Kinder werden.

Im Buch der Sprüche lesen wir an vielen Stellen, was für uns Menschen auf der Prioritätenliste stehen sollte:

> *„Besser wenig mit Gerechtigkeit, als viel Einkommen mit Unrechtlichkeit."* Sprüche 16,8
>
> *„Weisheit erwerben, wie viel besser ist es als feines Gold, und Verstand erwerben, wie viel vorzüglicher als Silber!"* Sprüche 16,16

Fragen zum Nachdenken:

- Was ist für uns ausschlaggebend, wenn es um die Wahl des Berufs, den Wohnort und die Wohnung geht?
- Wie wichtig ist uns die Gemeinde, das Wort Gottes und die Gemeinschaft der Glaubensgeschwister?

11.

Muss Schwiegermutter ein leidiges Thema sein?

Zu Besuch bei Noomi und Rut

Ich glaube, nach den Ostfriesen und Schotten sind die Schwiegermütter die Menschengruppe, über die die meisten Witze und Anekdoten gemacht werden. Doch leider ist das Thema Schwiegermutter in manchen Familien kein Witz und nicht humorvoll zu übergehen. Wie manche junge Ehefrau leidet darunter, dass sie von der Schwiegermutter nicht akzeptiert oder aber von ihrer Fürsorge so erdrückt wird, dass sie ihrer Aufgabe als Ehefrau und Mutter nicht nachkommen kann. Hier müssen auf der einen Seite Mütter lernen, ihre Söhne loszulassen, nicht in die junge Ehe und schon gar nicht in die Kindererziehung hineinzureden. Auf der anderen Seite muss der junge Ehemann lernen, das Elternhaus innerlich und möglichst auch äußerlich wirklich zu verlassen, zu seiner Frau zu stehen und seiner Verantwortung als Ehemann und Vater eindeutig nachzukommen.

Aber es gibt auch positive Beispiele. Wie wohltuend ist es, wenn Eltern sagen können, dass sie durch die Heirat nicht einen Sohn „verloren", sondern eine Tochter dazubekommen haben. Und wenn die junge Ehefrau in der Schwiegermutter eine Mutter im Glauben bekommen hat, kann das Verhältnis zwischen Jung und Alt zum Segen für beide Seiten werden. Dazu gehört aber, dass jede Seite ihre Grenzen wahrt und nicht über den anderen herrschen will.

Eine solch segensreiche Beziehung finden wir in der Begegnung von Noomi und Rut. Erinnern wir uns: Noomis Ehemann Elimelech hatte mit seiner Frau und seinen beiden Söhnen das Gebiet des Volkes Gottes, Israel, verlassen und hatte sich in dem Nachbarstaat Moab niedergelassen. Er hatte nichts dagegen, dass seine beiden Söhne moabitische Frauen heirateten, obwohl Gott andere Richtlinien für sein Volk gegeben hatte - eine eindeutige Grenzüberschreitung im wörtlichen und übertragenen Sinn. Nachdem kurze Zeit darauf Elimelech und zehn Jahre später seine Söhne plötzlich verstorben sind, hält die verwitwete Noomi nichts mehr im fremden Land. Sie hat den Wunsch, in ihre Heimat zurückzukehren. Wir schreiben das Jahr 1340 vor Christus. Es ist der Monat Nisan, das heißt, es ist die Zeit des jüdischen Passahfestes, also nach unserem Kalender Ende März, Anfang April. In Israel die Zeit der Gerstenernte.

Noomis ebenfalls verwitwete Schwiegertöchter Orpa und Rut haben daraufhin den Wunsch, sie zu begleiten. Offenbar empfinden sie Verantwortung für ihre Schwiegermutter. Doch bei Rut ist eindeutig mehr im Herzen als Mitleid und Fürsorge. Selbst nachdem Noomi sie gebeten hat, in Moab zu bleiben, da sie aus eigener Erfahrung weiß, wie es für Fremde in einem fremden Land ist, bleibt Rut bei ihr und zieht mit Noomi nach Bethlehem. Rut begründet ihr Verhalten mit dem berührenden Bekenntnis:

> *„Dringe nicht in mich, dich zu verlassen, hinter dir weg umzukehren; denn wohin du gehst, will ich gehen, und wo du weilst, will ich weilen; dein Volk ist mein Volk, und dein Gott*

ist mein Gott; wo du stirbst, will ich sterben, und daselbst will ich begraben werden. So soll mir der Herr tun und so hinzufügen, nur der Tod soll scheiden zwischen mir und dir!"
Rut 1,16-17

Wir könnten uns fragen: Wie kommt Rut zu dieser inneren Überzeugung? Woher hat sie die Kenntnis und die Sehnsucht nach dem Volk, dem Land und dem Gott ihrer Schwiegermutter? Wir können nur schlussfolgern: Noomi muss ihr von ihrem Gott, von ihrem Volk und den Wundern, die dieses Volk erlebt hat, erzählt haben. Ihr Zeugnis und ihre Sehnsucht muss so glaubwürdig gewesen sein, dass Rut bereit ist, alle Ungewissheit ihrer Zukunft mit der Zukunft ihrer Schwiegermutter zu verbinden. Hier merken wir etwas von dem Segen eines gelebten Glaubens. Wie sehr kann Gott anschließend das Leben der Rut gebrauchen. Sie lernt Boas kennen und wird durch die Heirat mit ihm zur Stammmutter des späteren König Davids. Damit kommt sie in die heilsgeschichtliche Geschlechterfolge unseres Herrn Jesus.

Fragen zum Nachdenken:

- Wie kann mein Verhältnis zu meiner Schwiegertochter/ Schwiegermutter besser werden?
- Stehe ich mehr zu meiner Frau oder zu meiner Mutter?

12.

Voraussetzungen zur Erziehung
Zu Besuch bei Manoachs Familie

Ist Kindererziehung Glückssache oder berechenbar? Gibt es Voraussetzungen oder sollte man einfach alles auf sich zukommen lassen? Wie sollen wir insbesondere in der heutigen Zeit Kinder erziehen? Streng oder locker? Gesetzlich oder frei? Angepasst an die Meinungen der Zeit oder als Außenseiter?

Im Buch der Richter finden wir eine interessante Familiengeschichte, über die selten gesprochen wird. Den Sohn kennen viele Bibelleser als Paradebeispiel eines eigenwilligen Menschen, der in kein rechtes Schema passt: Simson. Wie sah das Elternhaus dieses Mannes aus, den Gott trotz seiner Fehler und seines egoistischen und lustbetonten Lebens gebrauchte, um mit den Feinden des Volkes Gottes abzurechnen? Wir lesen von ihnen in Richter 13,1-24; 14,1-4.

Eine gottlose und turbulente Zeit - wie heute

Der Beginn dieser Familiengeschichte wird durch ihre Zeit charakterisiert:

„Und die Söhne Israel taten weiter, was böse

> *war in den Augen des Herrn. Da gab sie der Herr vierzig Jahre in die Hand der Philister."* Richter 13,1

Niemand fragte nach Gottes Wort, jeder lebte nach seinem Gutdünken (Richter 17,6; 21,25). Das heißt: Religiöse Erziehung, die Gott jedem Vater befohlen hatte (5. Mose 6,7), gab es nicht mehr. Damit gleicht die Zeit, in der die Eltern Simsons lebten durchaus der heutigen Zeit. Wer fragt schon nach Gottes Zielen, Werten und Geboten?! Wie wenig weiß die heutige Generation noch von Gott und seinem Wort!

Erziehungsziel: Ein Leben für Gott?

Manoach und seine Frau, ein kinderloses Ehepaar, lebten ganz im Norden des Landes in Zora, das im Stammesgebiet Dan lag. Man hat den Eindruck, dass sie ein einfaches und bedeutungsloses Ehepaar gewesen sind, jedenfalls wird nichts weiter über ihre Herkunft oder ihre Stellung im Volk berichtet.

Eines Tages nun sucht der Engel des Herrn diese Frau auf und kündigt ihr einen Sohn an, der sein Volk aus der Fremdherrschaft der Philister befreien würde:

> *„Sieh doch, du bist unfruchtbar und gebierst nicht; aber du wirst schwanger werden und einen Sohn gebären. Und nun, hüte dich doch und trinke weder Wein noch Rauschtrank und iss ja nichts Unreines! Denn siehe, du wirst schwanger werden und einen Sohn gebären. Ein Schermesser soll nicht auf sein Haupt kommen, denn ein Nasiräer Gottes soll der Junge sein vom Mutterleib an. Er aber wird anfangen, Israel aus der Hand der Philister zu retten."* Richter 13,3-5

Aufgeregt berichtet sie ihrem Mann von dieser eigenartigen Begegnung. Manoach scheint Zweifel zu haben, vor allem aber Unsicherheit und Sorge wegen der Aufgabe der Erziehung. So bittet er Gott, dass der Engel Gottes ihnen noch einmal erscheint, damit er sie lehren könne, wie sie den Jungen erziehen sollten (Richter 13,8).

Ich muss schon sagen: Dieser Mann imponiert mir! Wer von uns Vätern hat vor der Geburt des ersten Kindes diese Bitte auf seinem Herzen gehabt? Gott hatte ihnen mitgeteilt, dass er mit ihrem Sohn etwas Besonderes vorhat, und sie merken: Wir brauchen Hilfe für die richtige Erziehung! Ob wir in Bezug auf unsere Kinder diese Bitte nicht jeden Tag beten sollten: „Herr, lehre uns, wie wir sie erziehen sollen"?

Du magst sagen: Mein Kind wird doch kein Nasiräer, kein Abgesonderter für Gott (die Erklärung dazu finden wir in 4. Mose 6,1-21). Das mag sein, aber sollten wir nicht grundsätzlich diese Erwartung haben, dass Gott unsere Kinder für sich gebraucht? Und die Frage nach der Erziehungsweise unserer Kinder? Würden wir nicht sehr viel sicherer in unserer Erziehung werden, wenn wir nach Gottes Vorstellungen fragten?

Gott erhört unsere Gebete, die Erziehungsfragen beinhalten

An der Bitte Manoachs sehen wir: Solch ein Gebet erhört Gott! So erscheint der Engel noch einmal, so dass auch der zukünftige Vater die Botschaft Gottes hört. Dabei ist auffallend, dass Gott dem Ehepaar nicht sagt, nach welcher Methode sie den Jungen erziehen sollen. Er sagt ihnen vielmehr, wie sie sich selbst verhalten sollen! Das darf uns ein wesentlicher Hinweis für unsere Erziehung sein! Du kannst dein Kind nicht weiter erziehen, wie du selbst bist. Erziehung ist in erster Linie Vorbild sein in meinem Verhalten und Reden.

Erziehe dein Kind bereits vor der Geburt!

Was bedeutet das? Wie kannst du bereits vor der Geburt dein Kind erziehen?

1. Bete für das Kind! Bei Manoach und seiner Frau fand eine betende Vorbereitung auf die Erziehung statt!
2. Erziehe dich selbst! Du wirst dein Kind nur so weit erziehen können, wie du dich selbst von Gott hast erziehen lassen!
3. Sei ein Vorbild! Manoach und seine Frau sollten enthaltsam leben, weil Gott das Kind gebrauchen wollte.
4. Bitte Gott bereits vor der Geburt: „Herr, gebrauche mein Kind für dich!"
5. Setze Prioritäten in deinem Leben! Sie werden die Prioritäten im Leben deiner Kinder sein. **Denn deine Lebensziele werden auch deine Erziehungsziele sein.**

Lasst uns von Manoach und seiner Frau lernen

Lasst uns die Erziehung unserer Kinder ernst nehmen, betend vorbereiten und selbst vorbildlich leben. Leider haben Manoach und seine Frau auch Fehler gemacht (auch daraus wollen wir lernen). Sie waren in Bezug auf die Wahl der Frau ihres Sohnes zu nachgiebig. Hier haben sie nicht gebetet und Gott um Rat gefragt! Auch scheinen sie Simson nicht genügend die Heiligkeit und Verantwortung des Nasiräertums erklärt zu haben. Das Leben Simsons war wenig von Gottesfurcht, aber leider umso mehr von Leidenschaft und Erotik geprägt, von Stolz und eigener Stärke.

Der weise König Salomo sagt einmal:

> *„Wer sich selbst beherrscht, ist stärker, als wer eine Stadt erobert!"* Sprüche 16,32

Erziehen bedeutet Vorbild sein:

Deshalb hier eine kurze Aufstellung von Punkten, in denen Eltern Vorbild sein sollten:

1. *Seid ein Vorbild* – lebt transparent, also durchschaubar und offen. Wehe den zwei (oder drei) Gesichtern, die manche Christen tragen.
2. *Seid ein Vorbild* nicht nur in der Gegenwart der Kinder! Wie lebst du an deinem Arbeitsplatz? Könnten deine Kinder „Mäuschen" spielen und dich beobachten?
3. *Sei ein Vorbild* in deiner Ehe. Liebe deine Frau! Nimm dir den Herrn Jesus zum Vorbild, wie er uns geliebt hat und wie er sich für uns eingesetzt hat. Vergleiche Epheser 5,21-33. Sag ihr mindestens einmal am Tag, dass du sie liebst. Deine Kinder werden es dir nachahmen, wie du mit deiner Frau umgehst.
4. *Sei ein Vorbild* in der Wertschätzung deiner Frau. Ihre Arbeit als Hausfrau und Mutter wird ihr leichter, wenn sie merkt, dass du ihr dankbar bist und sie unterstützt.
5. *Sei ein Vorbild* in deiner Unterordnung als Frau unter deinen Mann (Epheser 5,21-33). Nimm dir den Herrn Jesus zum Vorbild wie er von seinem Vater sprach. Deine Kinder werden ebenso den Vater achten und gehorchen lernen. Seid einmütig in der Erziehung.
6. *Seid ein Vorbild* in eurer Arbeitsweise. Die Einteilung, die Energie, die Disziplin, der Fleiß werden eure Kinder prägen.
7. *Seid ein Vorbild* in der Abhängigkeit der geistlichen und materiellen Versorgung der Familie. Eure Kinder werden es bereits früh merken: Papa arbeitet – aber Gott gibt das Essen. Die Versorgung ist nicht allein der Fleiß der Eltern, sondern die Gnade Gottes. Wie viele Menschen arbeiten hart und haben nichts zu essen. Es ist gut, wenn die Kinder

schon früh lernen, die Bedürftigen im Blick zu haben.

8. *Seid ein Vorbild* in der Einigkeit als Ehepaar. Zieht in der Erziehung am gleichen Strick. Diese Einheit wird erreicht durch das gemeinsame Gebet und das gemeinsame Gespräch als Eheleute.
9. *Seid ein Vorbild* in eurem Umgang mit Gott. Lasst eure Kinder an eurem Gebetsleben teilhaben.
10. Seid ein Vorbild im Vergeben. Wie sollen sonst eure Kinder lernen, wie man vergibt und nicht nachträgt.
11. *Seid ein Vorbild* im Friedenstiften. Wie wird der Streit im Kinderzimmer beendet, ohne dass die Fetzen fliegen?! Sehen sie an euch, dass ihr nachgeben könnt und nicht das letzte Wort haben müsst?
12. *Seid ein Vorbild* im Bibellesen. Wie wollt ihr euren Kindern sonst Appetit auf Gottes Wort machen?
13. *Seid ein Vorbild* in eurer Sprache. Wie ist eure Sprache gegenüber Gott, gegenüber eurem Ehepartner, gegenüber den Geschwistern in der Gemeinde oder den Verwandten. Auch gegenüber denen, die ihr nicht so sehr mögt?
14. *Seid ein Vorbild* im Gemeindebereich. Merken eure Kinder, dass ihr die Gemeinde liebt und die Gemeindestunden gerne besucht?
15. *Seid ein Vorbild* in der geistlichen Versorgung eurer Familie. Macht regelmäßig mit euren Kindern eine Familienandacht, bei der die Anliegen der einzelnen Kinder im Gebet vor Gott gebracht werden können.
16. *Seid ein Vorbild* in der Geduld. Lasst euch von euren Kindern mit ihren Fragen „löchern".
17. *Seid ein Vorbild* in einem missionarischen Lebensstil. Lebt hilfsbereit. Macht den Kindern klar: Wir sind nicht der Mittelpunkt der Welt. Nehmt euch selbst nicht so wichtig, seht die Nöte anderer.

18. *Seid ein Vorbild* im liebevollen und humorvollen Umgang miteinander. Schafft eine fröhliche, gelöste Atmosphäre in eurer Familie, in der sich eure Kinder zu Hause fühlen und wohin sie gerne ihre Freunde mitbringen können.
19. *Seid ein Vorbild* im vorausschauenden Bewahren vor Gefahren, aber auch in der Zurüstung, wie man Gefahren begegnet und wie man mit Frust und Enttäuschung umgehen kann.
20. *Seid ein Vorbild* – 24 Stunden am Tag. Versucht nicht, euren Kindern etwas vorzuspielen; eure Kinder kennen euch sowieso.

Fragen zum Nachdenken:

- Was kann das für uns als Eltern bedeuten: Erziehung bereits vor der Geburt unserer Kinder!?
- Wie können wir unsere Kinder für Gott erziehen?
- Was kann Gott von uns Eltern in unserem Lebensstil erwarten, damit es zum Segen für unsere Kinder wird?

2

13.

Wem gehören unsere Kinder?
Zu Besuch bei Elkanas Familie

Auch bei dieser Familie kennt man den Sohn Samuel besser als die Eltern Elkana und Hanna. Aber wie wichtig ist es häufig, sich bei berühmten Menschen die Eltern anzusehen, um zu verstehen, warum diese Menschen so sehr von Gott gebraucht werden konnten.

Als die Mutter der Brüder Wesley einmal gefragt wurde, was sie denn für Gott getan habe, antwortete sie schlicht: „Ich habe Männer für Gott erzogen." Wie viel Segen konnte Gott aufgrund des Dienstes dieser Frau durch ihre Söhne an vielen Menschen tun.

In dem Buch der Könige finden wir bei vielen der dort aufgeführten Könige den bedenkenswerten Hinweis: *„Und der Name seiner Mutter war ..."** Es würde sich lohnen, die Liste

*) 1Kö 11,26 Jerobeam (Mutter: Zerua, eine Witwe); 1Kö 14,21 Rehabeam (Mutter: Naama, die Ammoniterin); 1Kö 15,2 Abija (Mutter: Maacha, Tochter Abischaloms); 1Kö 15,10 Asa (Mutter: Maacha, Tochter Abischaloms); 2Kö 8,26 Ahasja (Mutter: Atalja, Tochter Omris); 2Kö 12,1 Joasch (Mutter: Zibja von Beerseba); 2Kö 14,2 Amazja (Mutter: Joaddan von Jerusalem); 2Kö 15,2 Asarja (Mutter: Jecholja von Jerusalem); 2Kö 15,33 Jotam (Jeruscha, Tochter Zadoks); 2Kö 18,2 Hiskia (Mutter: Abi, Tochter Secharjas); 2Kö 21,2 Manasse (Mutter: Hefzi-Bah); 2Kö 21,19 Amon (Mutter: Meschullemet, Tochter Haruz); 2Kö 22,1 Josia (Jedida, Tochter Adajas); 2Kö 23,31 Joahas (Mutter: Hamutal, Tochter Jirmejas); 2Kö 23,36 Jojakim (Mutter: Sebuda, Tochter Pedajas); 2Kö 24,8 Jojachin (Mutter: Nehuschta, Tochter Elnatans); 2Kö 24,18 Zedekia (Mutter: Hamutal, Tochter Jirmejas).

durchzugehen, um festzustellen, welchen Einfluss jede Mutter auf ihren Sohn hatte, ob dieser Gott gedient hat oder *„tat, was böse war in den Augen des Herrn."* Ob wir verstehen, wie wichtig der Einfluss unserer Erziehung auf das Leben unserer Kinder ist und wie viel davon abhängt, welche Lebensmotivation sie durch unser Vorbild bekommen?

Die Bitte Hannas für ihren Sohn

Die Mutter Samuels lebte in einer schwierigen Lebenssituation. Sie war mit einem Mann verheiratet, der zwar sehr gottesfürchtig war und Hanna sehr liebte, der es aber durch die - damals gestattete - Heirat mit zwei Frauen in der eigenen Familie nicht schaffte, Frieden zwischen den beiden Frauen zu halten. Hanna wurde ständig von Peninna gehänselt, da sie keine Kinder bekam, Peninna dagegen mit einer Kinderschar gesegnet war. So tut Hanna das einzig Richtige: Sie geht mit ihrer Not zu Gott und betet (1. Samuel 1,9). Wir lesen ihre Geschichte in 1. Samuel 1,1-28; 2,18-26 und 3,1-21.

Dabei hat Hanna erkannt, dass es nicht nur darum geht, dass sie Kinder bekommt, sondern darum, dass Kinder eine Gabe Gottes sind (Psalm 127,3) und von daher für Gott da sein sollen. Sie erbittet deshalb nicht nur einen Sohn, sondern möchte, wenn Gott ihre Bitte erhört, ihn auch Gott und seinem Volk zur Verfügung stellen. Sie möchte also einen Sohn für Gott.

Nachdem Gott ihre Bitte erhört hat und Hanna und Elkana den kleinen Samuel zum Haus Gottes bringen, wird in Hannas Lobgesang (1. Samuel 2) deutlich, wie sehr sie in dieser Zeit der Schwangerschaft und der Kleinkindjahre Samuels innerlich gewachsen ist.

Ich habe mich bei dieser Geschichte gefragt: Was sind unsere Bitten, Wünsche und Vorstellungen für unsere Kinder?

Wir bestimmen mit unserer Erziehung die Zukunft unserer Kinder

An der Begebenheit Hannas und Elkanas wird deutlich, wie sehr der Wunsch der Eltern das Leben eines Kindes prägen kann. Was wünschen wir für unsere Kinder? Welche Lebensziele haben wir für sie? Sollten sie reich werden, eine gute Karriere machen oder einmal in Amt und Würden sein? Welche „Karriere" wird 5 Minuten nach ihrem Tod die wertvollste sein? Welche Lebensziele haben wir selbst als christliche Eltern? Lasst uns als Eltern gemeinsam darüber nachdenken:

1. Reich werden kann kein erstrebenswertes Ziel sein, denn:

- Sprüche 23,4 sagt: *„Bemühe dich nicht, reich zu werden"* (vgl. auch Sprüche 28,20).
- Matthäus 6,19 zeigt, wo wir unsere Schätze sammeln sollen: im Himmel.
- Markus 10,23-25 weist auf darauf hin, dass der Reichtum ein Hindernis zum geistlichen Wachstum ist.
- Markus 4,19 zeigt, dass Reichtum betrügt.
- 2. Korinther 8,9 und Matthäus 10,24-25 erinnert daran, dass der Herr Jesus ein armer Mann gewesen ist.
- 2. Korinther 4,18 sollte uns klar machen, dass Reichtum nicht in den Himmel mitgenommen werden kann.
- Titus 6,9 erklärt, dass Reich-werden-wollen eine große Gefahr bedeutet.
- Wir sollten uns fragen: Wie kann ein Christ reich bleiben, wenn die Welt in Not und Armut liegt?

2. Karriere kann kein erstrebenswertes Ziel sein, denn:

- ob Sport, Beruf, Wissenschaft, Forschung oder Politik: Der Herr Jesus sagt: *„Trachtet zuerst nach dem Reich Gottes und nach seiner Gerechtigkeit!"* Matthäus 6,33.

- ein treffendes Beispiel für den Verzicht auf eine glänzende Karriere gab der große Musiker Johann Sebastian Bach. Nachdem er vor Friedrich dem Großen auf dessen Wunsch vorgespielt hatte und dieser ihm eine hochdotierte Stellung am Hof anbot, soll der große Komponist gesagt haben: „Danke, Majestät, aber ich steh in eines höheren Dienst." Und damit meinte er nicht die eher kärglich besoldete Stelle als Thomaskantor in Leipzig, sondern den, zu dessen Ehre er über jede seiner Kompositionen schrieb: „Soli Deo Gloria!" (Allein Gott die Ehre).

3. Auch Amt und Würde sind keine erstrebenswerten Ziele für unsere Kinder, denn: in Matthäus 23,8-11 sagt der Herr Jesus: *„Ihr aber, lasst euch nicht Rabbi nennen! Denn einer ist euer Lehrer, ihr alle aber seid Brüder. Ihr sollt auch nicht jemanden auf der Erde euren Vater nennen; denn einer ist euer Vater, nämlich der im Himmel. Lasst euch auch nicht Meister nennen; denn einer ist euer Meister, der Christus. Der Größte aber unter euch soll euer Diener sein."*

Was sind biblische Erziehungsziele? Welche Tugenden sollten wir unseren Kindern vermitteln?

Das beste Beispiel ist sicher der Herr Jesus: Er hatte die besten Charaktereigenschaften, die besten Tugenden!

- Er war barmherzig, voll innigen Mitgefühls (Matthäus 9,31).
- Er war selbstlos, er gab alles: *„Nicht mein, sondern dein Wille geschehe ..."*
- Er übte bewussten Verzicht (Philipper 2,5-9).
- Er war arm: *„Die Füchse haben Höhlen ..."* (Matthäus 8,20).
- Er liebte seine Feinde (Lukas 23,34).

Wem gehören unsere Kinder? Wem gehören wir?

T. E. Wilson war Missionar in Angola. Bei einer Predigt bemerkte er einen großen kräftigen Mann in der Zuhörerschaft. Neben ihm einen kleinen ängstlichen, zitternden Burschen. Jedesmal, wenn der große sich bewegte, zuckte der kleine ängstlich zusammen. Nach der Predigt sprach der Missionar den Großen an und erfuhr, dass der Kleine der Sklave des großen Grausamen war. Wilson fing an zu verhandeln, um den Sklaven dem Großen abzukaufen. Nach langem Feilschen willigte er bei einem sehr hohen Preis ein. Der Sklave war für einen hohen Preis gekauft worden. Auf dem Nachhauseweg merkte Wilson, dass der Sklave vor ihm genauso große Angst hatte wie vor seinem vorigen Herrn. Zu Hause angekommen setzte sich Wilson mit dem Sklaven hin und erklärte ihm: „Mein Sohn, ich habe dich heute gekauft, du gehörst jetzt mir. Aber du bist von jetzt ab frei und kannst tun, was du willst. Du darfst in den Dschungel zurückgehen und bei deinen Stammesgenossen leben, du darfst aber auch in meinem Haus bleiben und ein Glied meiner Familie sein." Als der Sklave erkannte, dass der Missionar das meinte, was er sagte, sah er ihn an und sagte mit Tränen in den Augen: „Herr Wilson, ich will für immer Ihr Sklave sein."

Sollten wir nicht ebenso für uns und unsere Kinder bei unserem Herrn antworten, der uns mit seinem Tod erkauft hat, damit wir frei von der Sünde würden? „Sein Sklave zu sein, ist größere Ehre, als Herrscher über Land und Heere" heißt es in einem Lied.

Fragen zum Nachdenken:

- Welche Lebensziele haben wir für uns und unsere Kinder?

14.

Wie lange haben wir Verantwortung?

Zu Besuch bei Elis Familie

Wer kennt nicht dieses Sprichwort und hat es selbst vielleicht schon mal gebraucht: „Pfarrers Kinder, Müllers Vieh gedeihen selten oder nie!" Glücklicherweise trifft es nicht immer zu, sonst könnte man ja schier verzweifeln. Es gibt viele Beispiele dafür, dass Gott gerade die Nachkommen aus gottesfürchtigen Familien gebrauchen konnte. Und Gottes Wort macht uns an vielen Stellen darauf aufmerksam, wie nötig unser Vorbild für unsere Kinder ist. Von den Verantwortlichen in der neutestamentlichen Gemeinde, den Aufsehern bzw. Ältesten, erwartet er ausdrücklich, dass die Kinder entsprechend vorbildlich erzogen sind, damit durch ihr Verhalten kein schlechtes Licht auf das Zeugnis der Gemeinde fällt (1. Timotheus 3,4-5; Titus 1,6).

Aber auf der anderen Seite ist es keineswegs so, dass Kinder automatisch gedeihen, wenn die Eltern Christen sind. Lehrer in christlichen Schulen, Jungschar- und Jugendleiter können ein Lied (mit vielen Strophen) davon singen, wie sich gerade die Sprösslinge aus frommem Elternhaus daneben benehmen! Wieso ist das so? Liegt es an den Kindern, den Erbanlagen, an den Eltern oder an einem schlechten Einfluss durch Freunde oder die Medien?

Wir wollen es ein wenig anhand von Beispielen aus der Bibel untersuchen.

Inkonsequente Erziehung und die Folgen

Ein sehr krasses Beispiel ist sicher die Familie des Hohenpriesters Eli. Über ihn und seine Söhne Hofni und Pinhas lesen wir in 1. Samuel 2,12-17.22-25.27-35; 3,10-18; 4,1-22.

Eli hatte als Hoherpriester die Aufgabe, ein Mittler zwischen Gott und Menschen zu sein, und seine Söhne hatten als Priester ebenfalls diese Aufgabe. Von seinen Söhnen wird aber gesagt, dass sie ruchlose (gewissenlose) Männer waren, die Gott nicht erkannt hatten (1. Samuel 2,12). Das heißt, sie kannten zwar die äußeren Formen, den Ritus, den Kult des Opfer- und Priesterdienstes in Israel, hatten aber keine persönliche Beziehung zu Gott. Eli hatte ihnen also all die Regeln und Verordnungen des Gesetzes beigebracht, aber offensichtlich nicht vermocht, ihnen den eigentlichen Inhalt des Gesetzes, die Beziehung zu Gott, nahezubringen.

Nicht umsonst sagt man im neutestamentlichen Bereich: „Gott hat Kinder, aber keine Enkelkinder!" Nicht das fromme Elternhaus macht aus den Kindern automatisch echte Christen. Wenn unsere Kinder nicht begreifen und nachvollziehen, dass sie durch den Glauben eine persönliche Beziehung zu Gott durch den Herrn Jesus brauchen, mag unsere erzieherische Bemühung vielleicht dazu führen, dass sie christliche Verhaltensregeln lernen, aber keine wiedergeborene Christen und Kinder Gottes werden.

Christliche Erziehung ist mehr als das Beibringen und Einüben christlicher Normen, Regeln und Verhaltensweisen

Es muss in erster Linie das Bemühen sein, unsere Kinder zu

Christus zu führen, zum persönlichen Glauben, zur Annahme des Werks von Golgatha. Daraus ergibt sich erst, dass christliche Nachfolge von Herzen geschieht. Nicht die Form, sondern das Herz muss verändert werden.

Elis Versäumnis

Gott warnt Eli und fordert ihn auf, gegen das sündige Verhalten seiner Söhne einzuschreiten. Und auch das ganze Volk beschwert sich bei Eli über seine Söhne.

Werden nicht auch wir von unserer Umgebung beobachtet? Oft hat man dabei den Eindruck, dass die Menschen in unserer Umgebung besser wissen, wie wir und unsere Kinder uns als Christen zu verhalten haben. Wie reagieren wir dann?

Eli spricht zwar mit seinen Söhnen, aber er greift nicht durch. Er wird zornig, aber das hat keine Konsequenzen (Strafen). Und Hofni und Pinhas hören nicht auf ihren Vater. Warum? Sie kannten ihn und wussten, dass er nur redet und nicht handelt.

Nun könnte man fragen: Inwieweit hatte Eli überhaupt noch die Möglichkeit und die Pflicht, auf seine erwachsenen Söhne einzuwirken? Waren sie nicht Männer, die bereits verheiratet waren? Bis wohin geht unsere Verantwortrung als Eltern? Hatten wir nicht an anderer Stelle gesagt, dass wir nicht in die jungen Ehen unserer Kinder hineinreden sollen?

Natürlich sind Hofni und Pinhas als erwachsene Priester selbst vor Gott verantwortlich - und Gott greift auch später ein und straft (1. Samuel 4,11) - aber Eli war als Hoherpriester auch Richter in Israel und hätte somit konsequent nach dem Gesetz die Priester ihres Amtes entheben und sie bestrafen müssen. Schließlich hatten sie sich ...

1. an dem Teil Gottes vergriffen (das Fett der Opfertiere ge-

hörte nach dem Gesetz zu Gottes Teil; vgl. 3. Mose 3,14; 4,8), und
2. begingen sie öffentlich Ehebruch, wofür nach dem Gesetz vom Sinai die Todesstrafe stand.

Was war der eigentliche Fehler Elis?

Die Nachsicht Elis macht seinen grundsätzlichen Erziehungsstil deutlich, der nicht erst in diesem Stadium zur Auswirkung kommt. Eli selbst zwar ist ein frommer Mann, aber Gott macht ihn mitverantwortlich für den Zustand in seinem Haus und in seinem Volk. Warum? Gott sagt: „... *denn du hast ihnen nicht gewehrt!*"

Die Erziehung Elis war inkonsequent. Er redet zwar, er wird zornig, aber es folgt keine Strafe, keine Konsequenz!

Der häufigste Erziehungsfehler!

Ich habe den Eindruck, dass dies heute der häufigste Erziehungsfehler auch unter Christen ist! Wir reden sehr, sehr viel in der Erziehung, aber wir lassen keine Konsequenzen folgen!

Und das Ergebnis? Kinder hören nicht, sie gehorchen nicht. Sie wissen: Es wird ja nur geredet aber es wird nicht gehandelt. Die Konsequenzen bleiben aus. Ist unser Nein in der Erziehung wirklich ein NEIN? Oder können unsere Kinder uns herumbringen? „Ja", sagst du, „sie haben die stärkeren Nerven. Wenn sie ständig nörgeln und quengeln, gebe ich nach. Was soll ich machen." Denken wir an die Fallbeispiele auf den ersten Seiten. Die Kinder wissen, wie sie ihre Eltern weich kriegen. Aber die Eltern wissen nicht, wie sie mit den Kindern umgehen müssen.

Vielleicht handelst du auch nach dem 1-2-3-Prinzip: „Ich zähl bis drei! Wenn du dann nicht ...! - Eins - zwei - , - zweieinhalb -, ich hab dir doch gesagt ...!“ Das ist nachlässige, inkonsequente Erziehung!

Eltern müssen Eltern sein, die führen. Nicht Kumpel oder Freunde. Sie müssen wissen, wo sie hin wollen, was sie erlauben und was sie verbieten wollen. Sie müssen sich als Vater und Mutter einig sein - auch in den Folgen, die sie androhen - und einhalten. Kinder müssen lernen - und zwar bereits als Kleinkinder -, dass es Folgen hat, wenn sie nicht gleich beim ersten Mal die Anordnungen der Eltern befolgen. Es geht nicht um militärischen Drill in der Erziehung, sondern um Konsequenz.

Als Eltern schont ihr mit konsequenter Erziehung nicht nur eure Nerven, sondern helft euren Kindern, Gehorsam zu lernen. Wer nicht Gehorsam gelernt hat, wird auch Schwierigkeiten haben, Gottes Wort zu befolgen.

Ein Jugendstaatsanwalt sagte in einem Referat zu diesem Thema: „Inkonsequente Erziehung ist tödlich für die Kinder. Die Eltern von drogen- oder tablettenabhängigen, neurotischen Kindern haben in der Regel inkonsequent und/oder gegensätzlich erzogen.“

Für Fehlverhalten muss es Konsequenzen geben - möglichst unverzüglich:

> *„Weil der Urteilsspruch über die böse Tat nicht schnell vollzogen wird, darum ist das Herz der Menschenkinder davon erfüllt, Böses zu tun.“*
> Prediger 8,11

Fragen zum Nachdenken:
- Wo sind wir als Eltern in unserer Erziehung inkonsequent?
- Wann und wie bringen unsere Kinder uns auseinander oder zur Aufweichung von Strafandrohung?

15.

Wenn man den Kindern nichts mehr sagen kann ...

Zu Besuch bei Davids Familie

Woran denken wir, wenn wir uns das Leben des Königs David ansehen? Ist er nicht der *„Mann nach dem Herzen Gottes"*? Wie viele Trostworte seiner zu Herzen gehenden Psalmen haben über Jahrhunderte hinweg die Gläubigen ermuntert und gestärkt!

Aber er ist auch der Mensch wie du und ich, der tief in Sünde gefallen ist, aber gerade darin die Gnade, Barmherzigkeit und Vergebung seines Gottes erlebt hat. Seine Aufrichtigkeit und Treue, seine Geduld und hingebungsvolle Liebe gegenüber seinem Gott ist uns Ansporn, Trost und Vorbild in vielen Situationen unseres Glaubenslebens. Gott vergibt dem Sünder von Herzen gern bei Buße und Bekenntnis (1. Johannes 1,9), doch lässt er uns nicht selten die Folgen unseres falschen Weges tragen. Auch das gehört zu den Erziehungswegen Gottes. Gerade hiervon ist David in Bezug auf die Erziehung seiner Söhne ein anschauliches und warnendes Beispiel.

Kinder sind wie ein Spiegel

Denken wir an seinen Sohn Amnon: Seine Geschichte wird

uns in 2. Samuel 13 beschrieben. Wie erschreckend ist es zu sehen, wie das sexuelle Begehren Amnons, verstärkt durch den schlechten Rat seines „Freundes“ Jonadab, seine Halbschwester Tamar und damit das ganze Haus seines Vaters in Schande und Elend bringt. Erschreckend auch, dass David zwar zornig über diese Sache wird, aber unfähig ist, etwas Entscheidendes zu unternehmen! Hätte er nicht nach dem Gesetz handeln und Amnon mit dem Tod bestrafen müssen (3. Mose 18,9.11.29)? Und hätte er nicht - wie der Prophet Natan bei seiner Sünde - versuchen müssen, Amnon zur Buße zu führen?

Aber David ist der Mund gestopft!

Erkennt er sich selbst in seinem sündigen Verhalten Bathseba gegenüber wieder? Ist es nicht die gleiche mangelnde Disziplin wie in seinem Leben gewesen? „Müßiggang ist aller Laster Anfang“ sagt der Volksmund! Ist es nicht die gleiche Lust der Augen (1. Johannes 2,16), die des Sehens nicht satt werden (Prediger 1,8) und die die Begierde weckt und zur Sünde führt (Jakobus 1,15)? Ist es nicht die gleiche sexuelle Begierde, die alle Hemmungen und Schranken, ja das eindeutige Gesetz Gottes übertritt?

Denken wir nur an seinen Sohn Absalom: Er will die Autorität seines Vaters in Bezug auf die Schandtat Amnons übernehmen. Doch sein Beweggrund ist nicht göttliche Strafe, sondern verletztes Ehrgefühl und persönliche Rache. So verstrickt er sich in ein Machwerk aus Lüge und Gewalttat. Ungebremstes Machtstreben, gepaart mit übertriebener Eitelkeit und fast krankhafter Ehrsucht, scheuen selbst vor der Verfolgung des Vaters nicht zurück! Auch bei Absalom erkennen wir die gleiche sexuelle Disziplinlosigkeit. Er vergreift sich an den Nebenfrauen seines Vaters (2. Samuel 16,22)!

Und wieder ist David der Mund gestopft!

Wieder schafft er es nicht, seinen Sohn zur Rechenschaft zu ziehen und ihm Einhalt zu gebieten. Ja selbst, als es im Kampf hart auf hart geht, möchte er ihn verschonen. Sieht David in dem Verhalten Absaloms sein eigenes Fehlverhalten, seine versäumte Erziehung? Woher kommt es, dass seine Söhne so wenig nach Gottes Wort handeln, obwohl David eine ganz persönliche Beziehung zu seinem Gott hatte?

Oder denken wir an Adonija: Er sieht seine Chance gekommen, den Königsthron zu ersteigen, als sein Vater alt und krank wird (1. Könige 1). Kennt er denn nicht die Zusage Davids an Batseba, dass Salomo nach ihm König werden soll? Aber er handelt nach eigenem Gutdünken und will seinen Vater und das ganze Volk vor vollendete Tatsachen stellen. Nie hatte ihm sein Vater David Grenzen gesetzt, nie ihn in seine Schranken gewiesen, nie ihn gefragt: Warum handelst du so (1. Könige 1,6)? Es ist erschreckend, David in seiner Untätigkeit und Unfähigkeit in Sachen Erziehung zu sehen! Hier hat der große und gottesfürchtige König wirklich in vielem versagt, und es ist nur die uneingeschränkte Gnade Gottes, gerade in dieser Situation dafür zu sorgen, dass der verheißene Sohn Salomo das Königtum übernehmen kann.

Wir sündigen nie für uns allein!

Wie häufig finden wir uns als Väter oder Mütter in dem Verhalten unserer Kinder wieder! Wie häufig scheint auch uns der

Mund gestopft zu sein, Einhalt zu gebieten, zu warnen oder zu ermahnen, da wir in den Fehlern unserer Kinder unser eigenes falsches Verhalten erkennen.

Was können wir denn tun?

Hätte David nicht nur vor Gott Buße getan und seine Sünden bekannt, hätte er nicht nur durch seine Psalmen (Psalm 51 und Psalm 32) sie auch vor dem Volk bekannt, sondern hätte er gerade auch vor seinen Söhnen eingestanden, dass er nur mit der Hilfe seines Gottes Fehler überwinden konnte und überwunden hat. Vielleicht hätte er den Mund bei seinen Söhnen öffnen und ihnen damit entscheidend helfen können. Denn: Sünde verändert mein Beurteilungsvermögen! Sünde macht mich blind für Sünde!

> *„Sei mir gnädig, o Gott, nach deiner Gnade; tilge meine Vergehen nach der Größe deiner Barmherzigkeit! Wasche mich völlig von meiner Schuld, und reinige mich von meiner Sünde! Denn ich erkenne meine Vergehen, und meine Sünde ist stets vor mir. Gegen dich, gegen dich allein habe ich gesündigt und getan, was böse ist in deinen Augen; damit du im Recht bist mit deinem Reden, rein erfunden in deinem Richten. (...) Verbirg dein Angesicht vor meinen Sünden, und tilge alle meine Schuld! Erschaffe mir, Gott, ein reines Herz, und erneuere in mir einen festen Geist! Verwirf mich nicht von deinem Angesicht, und den Geist deiner Heiligkeit nimm nicht von mir!“* Psalm 51,3-13

> *„Glücklich der, dem Übertretung vergeben,*

dem Sünde zugedeckt ist! Glücklich der Mensch, dem der Herr die Schuld nicht zurechnet und in dessen Geist kein Trug ist! Als ich schwieg, zerfielen meine Gebeine durch mein Gestöhn den ganzen Tag. Denn Tag und Nacht lastete auf mir deine Hand; verwandelt wurde mein Saft in Sommergluten. So tat ich dir kund meine Sünde und deckte meine Schuld nicht zu. Ich sagte: Ich will dem Herrn meine Übertretungen bekennen; und du, du hast vergeben die Schuld meiner Sünde."
Psalm 32,1-5

Ob wir daraus für unser Leben und für unsere Familien lernen könnten? Wie segensreich wäre es, wenn unsere Kinder aus unseren Fehlern lernten.

Fragen zum Nachdenken:

- Wo erkenne ich mich in dem Verhalten meiner Kinder wieder? Könnte ich ihnen durch ein Bekenntnis meiner Fehler helfen?
- Wir wollen als Ehepaar über diesen Punkt miteinander sprechen.

16.

Gibt es ein Erziehungsprinzip Gottes?
Zu Besuch bei David und Salomo

Das war schon eine turbulente Zeit. Unsere Kinder waren noch klein. Ich hatte mich gerade selbständig gemacht und war häufig sehr gestresst. Ich musste lernen, mehrere Aufträge gleichzeitig zu erledigen, Termine einzuhalten, an alle Lieferanten zu denken und bei allem kreativ für die Gestaltungsaufgaben zu bleiben. Dazu kamen vermehrt die Aufgaben in der Gemeinde als Hausmeister und Jugendleiter. Mein Atelier hatte ich in der Wohnung und die Kinder waren noch nicht in der Schule. Man kann sich gewiss vorstellen, dass ich oft sehr genervt war.

Eine kleine Anekdote am Rande aus dieser Zeit: Meine Frau hatte das Fläschchen für den Jüngsten paratgestellt, hatte mir alle Instruktionen gegeben, wann ich den Kleinen versorgen sollte, und war einkaufen gegangen. Die beiden „Großen" sahen gespannt zu, wie Papa ganz nach Mama-Art den Kleinen frisch gemacht hatte und nun im Sessel saß und fachmännisch das Fläschchen verabreichte. In dem Moment ging das Bürotelefon. Unser „Ältester" ging als Papa-Ersatz an den Apparat und ich hörte ihn nur zu meinem Kunden sagen: „Nein, der Papa kann zur Zeit nicht, der stillt gerade unser Baby." Ich kann nur sagen, dass ich in der Achtung meines Kunden enorm gestiegen bin ...

Abgesehen von solchen humorvollen Alltagseinlagen bin ich normalerweise sehr harmoniebedürftig und ich liebe nichts mehr als ein geruhsames Abendessen, bei dem die ganze Familie beieinander ist. Aber gerade dann schien alles quer zu laufen: Die Kinder schrien, ein Becher Milch kippte um und das Telefon und die Türklingel läuteten stereo. Garantiert kam in solch einem Moment, jemand Liebes zu Besuch, um zu sehen, wie es uns ging ...

Das sind die Momente, die Kinder dazu nutzen, uns als Erziehende nach bestem Können zu blamieren. Nicht wahr, diese Augenblicke kennen wir zur Genüge. Wie reagieren wir da?

Ist uns in solchen Augenblicken die Erziehung lästig?

Sollte man dann alles laufen lassen nach dem Motto: „... wird schon schief gehen ...!"? Sicher nicht! Wir merken bestimmt schnell: Unsere falsche Reaktion liegt nicht in erster Linie an den Kindern, sondern daran, dass wir als Eltern gereizt und gestresst sind, weil wir mit mehreren Problemen gleichzeitig zu tun haben.

Ich möchte ein positives Beispiel erzählen, das uns sehr beeindruckt hatte. Wir waren noch verlobt und bei einer Familie mit sechs Kindern zum Essen eingeladen. Die Erwachsenen unterhielten sich und der 7-jährige Sohn nutzte die Gelegenheit, in der seine Eltern beschäftigt waren, um seine Schwestern zu ärgern. Statt lautstark zur Ordnung zu rufen, blickte der Vater nur mit einem ernsten Blick zu seinem Sohn herüber. Doch der Sprössling ließ nicht locker, guckte frech zurück und ärgerte seine Schwestern weiter. Ohne ein Wort zu sagen, stand der Vater auf, nahm seinen Sohn an der Hand, ging kurz ins Nebenzimmer. Wir hörten einen kurzen Klapps und Vater und Sohn kamen wieder herein. Jeder setzte sich auf seinen Platz am Tisch und unser Gespräch ging ungestört weiter.

Regel 1 aller Erziehung: Ruhe bewahren!

Das oberste Gebot aller Erziehung ist das, was auf jedem Hinweisschild an Feuerlöschern oder Brandmeldern steht: „Ruhe bewahren!" Das wissen wir noch aus der Schule: Ein Lehrer, der laut wurde oder nervös war, hatte bei den Kindern verloren. Das Gleiche gilt bei uns Eltern auch. Schreiende, tobende, jähzornige Eltern werden von Kindern nicht ernst genommen, sondern eher verachtet.

Vielleicht sagst du: „Das funktioniert bei meinen Kindern nicht!" Warum nicht? Natürlich ist es weitaus schwieriger, erst im Schulalter oder noch später mit einer ruhigen, aber konsequenten Erziehung anzufangen. Der weise Salomo sagt:

> *„Erziehe den Knaben seinem Weg gemäß; er wird nicht davon weichen, auch wenn er älter wird."* Sprüche 22,6.

Regel 2: Blickkontakt

Um das aber praktizieren zu können, muss ich selbst durch Gott erzogen worden und innerlich zur Ruhe gekommen sein. Gott benutzt für diese Erziehung an uns den geistlichen „Blickkontakt". Er sagt in Psalm 32,8:

> *„Ich will dich unterweisen und dich lehren den Weg, den du wandeln sollst; mein Auge auf dich richtend, will ich dir raten."*

Erziehung bedeutet also Blickkontakt. Dabei meine ich nicht den gefürchteten stechenden Blick. Aber ich bin überzeugt: ein Blick sagt mehr als viele Worte. Mein Vater brauchte uns

Kinder nur anzusehen und wir wussten, was er meinte. Um Kinder durch unsere Augen leiten zu können, muss auch das Kind von klein auf lernen, den Blickkontakt mit den Eltern zu haben und zu halten.

Diese Erziehungsmethode greift nicht nur in der Familie, sondern in jedem Bereich des Lebens. Wir waren zu einer evangelistischen Veranstaltung in einer Nachbargemeinde. Kurz vor Beginn kamen plötzlich laut und überaus unruhig etwa 20 Heavy-Metal-Fans herein. Es entstand eine hochexplosive Atmosphäre und wir befürchteten Randale und Chaos. Ich dachte noch, wie kann man hier jetzt für Ruhe sorgen. Sollte man laut in die Hände klatschen, laut durchs Mikrophon um Ruhe bitten? Da stand einer der Ältesten der Gemeinde ganz ruhig auf und stellte sich -, ohne ein Wort zu sagen, ans Rednerpult und schaute die Hereingekommenen freundlich an. Seine ruhige Art strahlte Autorität und Freundlichkeit aus. Und das Wunder geschah: Ohne ein Wort der Ermahnung wurde es sofort still. Der Älteste begrüßte die Zuhörer freundlich und die Stunde verlief in äußerster Stille und mit Aufmerksamkeit.

Regel 3: Mein Menschenbild prägt meine Erziehung

Ich habe festgestellt, dass der jeweilige Erziehungsstil der Eltern zum einen geprägt wird von der Art und Weise, wie sie selbst erzogen worden sind, und zum anderen von dem Menschenbild abhängig ist, das sie haben. Dabei hört man die verschiedenen Erziehungstheorien, aus denen sich zwangsläufig unterschiedliche Erziehungsformen bilden:

- „Das Kind ist gut, nur die Umstände sind schlecht."
- „Das Kind ist neutral, es wird von der Umgebung geprägt."
- „Das Kind ist böse, es braucht Erziehung."
- „Das Kind ist gut, man muss es sich nur entwickeln lassen."

Welche dieser vier Thesen ist falsch und welche ist biblisch?

Nur These 3 ist durch das Menschenbild der Bibel bestimmt, alle anderen entstammen dem humanistischen Menschenbild, das davon ausgeht, dass der Mensch in seinem Kern gut sei und durch Erziehung nur veredelt bzw. entwickelt werden müsse. Doch die Bibel macht uns klar, dass der Mensch durch die Sünde von Geburt an geprägt ist und Vergebung und Erlösung braucht. Der Mensch ist nicht Sünder, weil er sündigt, sondern er sündigt, weil er Sünder ist. Deshalb zielt christliche Erziehung nicht auf die Verbesserung des Sünders hin, sondern auf Buße, Reue, Vergebung und die echte Chance des Neuanfangs.

Regel 4: Ausgewogene Erziehung

Man hat den Eindruck, dass in den letzten Jahrzehnten in Sachen Erziehung unsere Schulen und Ausbildungsstätten zum ausgesprochenen Forschungslabor geworden sind. Alle paar Jahre wechseln die Erziehungsstile und -methoden. Ich muss mich über so manchen Lehrer und Erzieher wundern, der jede neue Richtung sofort ausprobiert. So haben die letzten Generationen unseres Volkes die unterschiedlichsten Arten der Erziehung kennen gelernt. Zudem ist dann häufig der Erziehungsstil in der Schule anders als im Elternhaus.

Mir sind folgende 4 Erziehungsstile aufgefallen:

1. *Die nachlässige Erziehung:* Sie ist gekennzeichnet durch wenig Liebe und wenig Disziplin bzw. Druck. Man lässt alles laufen, hat keinen Plan und steht den Kindern eher gleichgültig gegenüber. Ein Beispiel dazu finden wir in der Familie Jakobs (vgl. Kapitel 7).

	**Die nachlässige Erziehung:** Wenig Liebe und wenig Disziplin (Druck). Eltern lassen alles laufen und Kinder machen, was sie wollen.
	**Die nachgiebige Erziehung:** Viel Liebe, aber wenig Disziplin. Auch antiautoritäre Erziehung genannt. Kinder werden dadurch verunsichert, werden aufsässig und haben Beziehungsprobleme.
	**Die autoritäre Erziehung:** Wenig Liebe, aber viel Druck. Der harte Zwang wirkt sich schädlich fürs Kind aus. Sie werden gedrillt, nicht erzogen.
	**Die autoritative Erziehung:** Viel Liebe und viel Disziplin in ausgewogenem Maß. Gehorsam und Liebe stehen im Gleichgewicht. Dieses Erziehungsprinzip fördert das Kind zu einer ausgeglichenen und gefestigten Persönlichkeit.

2. *Die nachgiebige Erziehung:* Auch antiautoritäre Erziehung genannt. Sie kam hauptsächlich in den Jahren ab 1960 auf. Sie war gekennzeichnet von übertriebener Liebe (Affenliebe) und wenig Disziplin bzw. Druck. Die Kinder führten die Eltern (vgl. die Fallbeispiele auf den ersten Seiten dieses Buches). Leider finden wir diese Erziehung noch bei manchen christlichen Familien vor, da sie meinen, Erziehung sei nur Liebe. Die antiautoritäre Erziehung erzeugt aber bei den Kindern Unsicherheit und mangelnde Selbstachtung. In der Bibel finden wir dafür Beispiele in den Familien Elis und Manoachs (Vgl Kapitel 12 und 14).

3. *Die autoritäre Erziehung:* Sie kennt wenig Liebe, dafür umso mehr Disziplin und Druck. Der Zwang zum Gehorsam wird bei Christen oft mit der Bibel begründet, dass wir unseren Kindern die Anordnungen Gottes „einschärfen" sollen. Doch mahnt uns Gottes Wort in Kolosser 3,21:

   > *„Ihr Väter, reizt eure Kinder nicht zum Zorn, damit sie nicht mutlos werden"*, und in Epheser 6,4: *„Ihr Väter, reizt eure Kinder nicht zum Zorn, sondern zieht sie auf in der Zucht und Ermahnung des Herrn!"*

   Autoritäre Erziehung ist schädlich fürs Kind. Ein Erzieher sagte einmal treffend: „Neben mächtigen Eichen gedeihen nur mikrige Schwammerl."

4. *Die autoritative Erziehung:* Sie ist ein ausgewogener Erziehungsstil mit viel Liebe und viel Disziplin. Gehorsam und Liebe stehen im Gleichgewicht zueinander. Kinder, die so erzogen wurden, reifen zu gefestigten Persönlichkeiten. Sie erfuhren sowohl die Geborgenheit als auch die Führung ihrer Eltern in ausgewogenem Maß.

Ich möchte diesen letztgenannten Erziehungsstil das Erziehungsprinzip Gottes nennen. Warum? Schauen wir uns noch einmal die Familie Davids an. Wir hatten in Kapitel 15 gesehen, dass David kein gutes Vorbild als Vater gewesen ist, auch wenn er ein aufrichtiges Herz hatte und von Gott als ein Mann genannt wird, der nach seinem Herzen war.

Doch seine Erziehung war eher so, wie wir sie als eine nachlässige Erziehung gesehen haben. Er hat bei seinen Kindern nicht durchgegriffen, selbst bei offensichtlichen Sünden nicht. Und doch liegt nach Gottes Gedanken die Verantwortung der Erziehung beim Vater! Gottes Wort sagt:

> *„Wer sich lässig zeigt, der ist ein Bruder des Verderbers."* Sprüche 18,9

Gottes Erziehungsprinzip

Als es um den Sohn Davids geht, der der Nachfolger auf dem Thron werden soll, erklärt Gott David das Prinzip seiner Erziehung, die auch David selbst in Gottes Schule erfahren hat. Wenn wir auf unser Leben schauen, werden wir bestätigen, dass Gott auch mit uns so umgegangen ist und umgeht. Gott sagt - und wir sollten uns diesen Grundsatz in unserer Bibel dick unterstreichen und als Leitsatz für unsere Erziehung auswendig lernen - in 2. Samuel 7,14-15:

> *„Ich will ihm Vater sein, und er soll mir Sohn sein. Wenn er verkehrt handelt, werde ich ihn mit einer Menschenrute und mit Schlägen der Menschenkinder züchtigen. Aber meine Gnade soll nicht von ihm weichen!"*

Was heißt das? Ich möchte diese Aussage in drei Abschnitte unterteilen:

1. Das familiäre Vertrauensverhältnis: *„Ich will ihm Vater und*

er soll mir Sohn sein." Gott macht deutlich: Bei mir darfst du dich geborgen fühlen, ich bin durch Jesus Christus dein Vater geworden. Ich bin für dich verantwortlich und du darfst dich als Kind voll auf mich verlassen!

2. Das familiäre Verantwortungsbewusstsein: *„Wenn er verkehrt handelt ..."* Als Sohn kann Gott von mir erwarten, dass ich mich der Familie und damit Gott entsprechend verhalte. Und er kündigt mir bei falschem Verhalten konsequente Folgen meines Ungehorsams an, und zwar solche, die im rechten Verhältnis zu meinem Tun stehen. Denken wir an die Aussagen Gottes: *„So erkenne in deinem Herzen, dass der Herr, dein Gott, dich erzieht, wie ein Mann seinen Sohn erzieht"* (5. Mose 8,5); *„Achte nicht gering des Herrn Züchtigung (*Erziehung*)" (*Hebräer 12,5); und *„Wen Gott liebt, den züchtigt er (*erzieht er*)"* (Sprüche 3,12 und Hebräer 12,6).
3. Die übergeordnete familiäre Gnade: *„Aber meine Gnade soll nicht von ihm weichen!"* Das darf ich bei jeder Situation wissen. Auch wenn ich versagt habe, Gott bleibt treu!

Wenn Gott uns als Eltern nach diesem Grundsatz erzieht, sind wir gut beraten auch unsere Kinder nach diesem Prinzip zu erziehen. Lasst uns ihn immer wieder um Weisheit, Geduld, innere Ruhe und liebevolle Konsequenz für unsere Erziehung bitten. Erziehung ist nicht in erster Linie Schimpfen, Ermahnen, Strafen, sondern liebevolle Konsequenz und Führung. Wir müssen als Eltern wissen, wo wir hin wollen und wie wir an dieses Ziel kommen. Über Erziehungsziele mehr in Kapitel 19.

Fragen zum Nachdenken:
- Wie ist unser Erziehungsstil und was können wir von Gottes Erziehung lernen?
- An welchen Erziehungsregeln haben wir zu lernen?

17.

Der geliehene Sohn

Zu Besuch bei Josefs Familie

Ist dir das auch schon mal passiert? Ihr seid mit der ganzen Familie im großen Kaufhaus unterwegs und plötzlich ist eins eurer Kinder nicht mehr aufzufinden! Man sucht in allen Abteilungen - nichts. Endlich, nach bangen Minuten kommt eine Durchsage durch den Lautsprecher: „Der kleine Micha sucht seine Eltern. Bitte an der Information im Erdgeschoss abholen."

Es war vor etlichen Jahren. Unser Ältester war damals etwa 6 Jahre alt und zu einem Freund zum Geburtstag eingeladen. Meine Frau hatte ihn hingebracht und ihm gezeigt, wie er den Weg zurück allein gehen könnte. Wir wohnen in einer Großstadt, aber der Weg war eigentlich nicht besonders schwer. Auch brauchte er keine größere Straße zu überqueren. Nur an einer Straßenkreuzung musste er nach rechts abbiegen. Alles war klar. Doch nach der vereinbarten Zeit kam er nicht zu Hause an. Wir wurden unruhig und riefen bei den Gastgebern an. Das, was wir hörten, machte uns noch unruhiger: Ja, er sei wie die anderen Kinder vor einer halben Stunde gegangen. Beunruhigt machte ich mich auf den Weg, betete bei jedem Schritt, schaute in jede Nebenstraße, in jedes Geschäft, fragte hier und da, bis ich bei den Gastgebern ankam. Da stand er freudestrahlend! Was war geschehen? Er war an der angegebenen Stelle statt nach rechts nach links abgebogen (schließlich war er Linkshänder). Als er dann nach einiger Zeit keine Ecken fand, die ihm bekannt vorkamen, war er doch klug genug, den gleichen Weg zu seinem Freund zurückzugehen. Uns und ihm und den Gastgebern fielen große Steine von den Herzen und wir dankten Gott für seine Bewahrung.

Ich denke, die Reise, die Josef mit seiner Frau und seinem ältesten Sohn nach Jerusalem gemacht hat, war noch weitaus dramatischer. Wir lesen davon im Lukasevangelium Kapitel 2,41-52. Alljährlich gingen Josef und Maria zur Passazeit nach Jerusalem. In diesem Jahr durfte ihr Ältester zum ersten Mal mit, da er zwölf Jahre alt geworden war. Wie spannend muss es für ihn, den Sohn Gottes, gewesen sein, von dem man meinte, er sei der Sohn Josefs (Lukas 3,23). Nur wenige wussten um seine besondere Geburt, noch viel weniger um seine Berufung. War er doch gekommen, um uns Menschen Gott, den Vater, nahezubringen und für die Sünden der Menschen zu sterben (Matthäus 1,21 ; Lukas 2,11). Sein ihm von Gott gegebener Name konnte seine Eltern stets daran erinnern, weshalb Gott ihnen diesen „Sohn" anbefohlen hatte: Jesus, d.h., Gott ist Rettung. Ja, sowohl Josef als auch Maria entstammten der königlichen Geschlechterfolge und damit dem Stamm Juda (vgl. Matthäus 1,1-14: die königliche Linie des Josef; Lukas 3,23-38: die Linie der Maria). Aber man könnte sie eher als „verarmten Adel" bezeichnen. Kein Reichtum, kein Besitz, weder Amt noch Würden sind mehr vorhanden. Bei der Darbringung im Tempel können Josef und Maria nur das Opfer der armen Leute nach dem Gesetz bringen: zwei Turteltauben. Ein einfacher Zimmermann, ein Handwerker, der zwar aus Bethlehem stammte, aber in Nazareth seinen Broterwerb gefunden hatte.

Welch großes Geheimnis und welch große Verantwortung hatte Gott diesem Ehepaar anvertraut. Gott leiht ihnen sozusagen seinen ewigen Sohn, von dem er sagt:

> *„Und anerkannt groß ist das Geheimnis der Gottseligkeit: Gott ist geoffenbart worden im Fleisch."* 1. Timotheus 3,16

Können wir ermessen, was das bedeutet? Die Gottheit Jesu und sein Menschsein werden uns immer ein Geheimnis bleiben. Wahrer Gott und wahrer Mensch! Wie viele Verheißungen werden in ihm erfüllt! Wie oft mögen Josef und Maria staunend und bewundernd ihn angeschaut und beobachtet haben. Gott hatte diesem gottesfürchtigen Ehepaar viel zugemutet: Die vermeintliche Schande der Schwangerschaft, die Flucht nach Ägypten, das rechte Verhalten und das Erziehen im täglichen Leben (Lukas 2,51).

Familienalltag im Haus Josefs

Doch wie mag der Familienalltag im Haus Josefs ausgesehen haben? Das Handwerk musste die große Familie ernähren. Immerhin werden uns vier Brüder (Jakobus, Joses [Josef], Judas und Simon) und mindestens zwei Schwestern genannt (Matthäus 13,55; Markus 6,3). Und Jesus war der Älteste von ihnen. Er musste sicher viele Aufgaben und Verantwortung übernehmen. Wie haben seine Eltern und seine Geschwister ihn in diesen Jahren erlebt? Die Bibel berichtet nicht viel darüber, aber ein paar Äußerungen können uns diesbezüglich Hinweise geben. Seine Mutter vertraut ihm (vgl. ihr Verhalten bei der Hochzeit zu Kana), seine Brüder glauben zunächst nicht an ihn (Johannes 7,5), da sie sein Tun nicht verstehen; doch später charakterisiert Jakobus den Glauben seines Bruders so:

> *„Meine Brüder, habt den Glauben unseres Herrn Jesus Christus, des Herrn der Herrlichkeit, nicht mit Ansehen der Person“* Jakobus 2,1.

und Judas nimmt Bezug auf das Erbarmen seines älteren Bruders, indem er ihn zum Vorbild setzt:

> *„Erhaltet euch selbst in der Liebe Gottes, indem ihr die Barmherzigkeit unseres Herrn Jesus Christus erwartet zum ewigen Leben.“* Judas 21

Überlegen wir einmal, wie unser Familienalltag aussehen würde, wenn Gottes Sohn bei uns zu Hause wäre?! Natürlich, wirst du sagen, ist der Herr Jesus immer bei uns. Aber ist uns das auch wirklich immer bewusst? Ein Aufsatz von William MacDonald hat mich sehr stark berührt und es ist ratsam, ihn zu lesen. Er heißt: „Als Jesus in mein Haus kam“ und beschreibt die Vorstellung, was passieren würde, wenn du deine Wohnungstüre öffnest und wirklich Jesus vor dir steht, um dich zu besuchen. Und stell dir vor, er hat sogar die „Dreistigkeit“, dich zu bitten, ihm jedes Zimmer deiner Wohnung zu zeigen! Welche Auswirkung hätte das für dich? Wir reden zwar davon, dass der Herr Jesus immer bei uns ist, aber wie leicht gewöhnen wir uns daran und unser Familienalltag lässt kaum mehr etwas von seiner Gegenwart ahnen. War es nicht auch bei dem alttestamentlichen Volk Gottes so? Die Wolkensäule als sichtbares Zeichen der Gegenwart Gottes war Tag und Nacht über ihnen, und doch hindert sie das Volk nicht daran zu murren, aufzubegehren und zu sündigen! Ob uns noch einmal klar werden könnte, was es heißt, dass der Herr Jesus bei uns wohnen möchte und nicht nur zu einem kurzen Besuch kommt und dann wieder geht?

Können wir Josef und Maria und die leiblichen Geschwister des Herrn Jesus verurteilen, dass sie sich nicht ständig der Gottheit dieses Familienmitglieds bewusst waren? Der Alltag nahm sie gefangen.

Man kann vermuten, dass Josef schon bald verstorben ist und Jesus als der Älteste die Werkstatt des Vaters in Nazareth übernahm, bis seine Brüder so weit waren, die Familie zu ernähren. Er wird nicht nur der Sohn des Zimmermanns genannt (Matthäus 13,55), sondern seine Nachbarn kennen ihn als den Zimmermann (Markus 6,3).

Aus den Augen verloren

Zurück zu der Begebenheit aus Lukas 2: Josef und Maria nehmen auf ihrer jährlichen Festreise den zwölfjährigen Jesus mit. Vielleicht haben sie einen Verwandten bei den übrigen Kindern in Nazareth gelassen. Der Weg von Galiläa nach Jerusalem dauert zu Fuß mehrere Tage. Man geht normalerweise nicht den kürzeren Weg durch Samaria, da die Juden dieses Gebiet wegen des dort wohnenden Mischvolkes meiden. So nehmen sie den erheblich weiteren Weg durch das Jordantal auf sich, die heutige „Westbank", bis sie nach Jericho kommen. Von hier aus, dem tiefsten Punkt der Erde (ca. 400 m unter NN), geht der steile und schmale Weg durch das Wadi Quilt hinauf nach Jerusalem, ein Höhenunterschied von ca. 1200 m. Da dieser Teil des Weges nicht ungefährlich ist, schließen sie sich einer Reisegruppe an. Sie sind nicht allein auf diesem Weg. Tausende wandern mit ihnen den Berg hinauf und singen die alten Lieder aus den Psalmen, die so genannten Stufen- oder Wallfahrtslieder.

Dann stehen sie in den Toren Jerusalems, sehen den mächtigen Tempel, der gerade von Herodes dem Großen renoviert und erweitert worden ist. Welch mächtige Gebäude, welcher Glanz. Inmitten der Mitreisenden erleben sie das Passahfest, das sie an die alte Geschichte des Volkes Israel erinnert. Damals hatte Gott Israel aus Ägypten befreit. Er hatte das Gericht an den Bedrückern vollzogen und Israel war nur davor verschont geblieben, weil es auf Anordnung Gottes das Passalamm geschlachtet hatte. Was muss gerade dieses Geschehen den jungen Herrn Jesus bewegen, da es vorbildhaft von der wirklichen Befreiung und Erlösung der Menschen spricht und den Hinweis auf das wahre Lamm Gottes gibt, das für die Sünden der Menschen sterben würde. Dieses Opfer würde er in einigen Jahren hier vor den Toren der Stadt bringen. Darauf hin lebte er, das war seine Lebensbestimmung. Können wir uns ein wenig in sein Empfinden hineinversetzen?

Nach dem Fest des Passa und dem gleich anschließenden Fest der ungesäuerten Brote machen sich die Festbesucher wieder auf den Heimweg. Die Bibel berichtet von dieser Begebenheit so:

> *„Und als sie die Tage vollendet hatten, blieb bei ihrer Rückkehr der Knabe Jesus in Jerusalem zurück; und seine Eltern wussten es nicht. Da sie aber meinten, er sei unter der Reisegesellschaft, kamen sie eine Tagereise weit und suchten ihn unter den Verwandten und Bekannten; und als sie ihn nicht fanden, kehrten sie nach Jerusalem zurück und suchten ihn."*
> Lukas 2,43-45

Stellen wir uns die Situation vor: Maria und Josef verlieren ihren Sohn aus den Augen! Den Sohn, den Gott ihnen anvertraut hatte, den er ihnen „geliehen" hatte! Können wir nachvollziehen, was ihre Herzen in diesen Tagen beschäftigte? Jedes Ehepaar wird nervös, aufgeregt, hektisch und hysterisch, wenn sie merken, dass eins ihrer Kinder nicht aufzufinden ist! Hier geschah weit mehr! Sie haben den Einzigartigen, den Sohn Gottes, den Sohn des Menschen aus den Augen verloren! Sie hatten sich an ihn gewöhnt, hatten gedacht, er passt auf sich selbst auf. Und nun das! Sie waren schon eine Tagereise bis Jericho gekommen. Ein Tag ohne Jesus!

Ich möchte einen Vergleich wagen: Wie oft gewöhnen wir uns als Christen daran, dass der Herr Jesus bei uns ist. Merken wir, wenn wir ihn aus den Augen verlieren? Merken wir es bereits nach einem Tag? Oder leben wir oft eine ganze Zeit lang ohne ihn? Maria und Josef wissen das eine: Wir müssen zurück zu ihm! Und so steigen sie den Weg wieder nach Jerusalem hinauf.

Können wir uns den Weg der beiden vorstellen? Der schmale Weg durch das Tal des Quilt. Tausende von Festbesuchern kommen ihnen entgegen und sie müssen „gegen den Strom schwimmen". Verwundert werden sie angeschaut. Jeder, der sie kennt, fragt sie. Immer die gleiche Antwort: „Wir haben Jesus verloren. Wir müssen zurück!" Ach, dass wir von ihnen lernten: Zurück zu Jesus, wenn wir ihn aus den Augen verloren haben! Zurück zu dem Punkt, wo wir ihn verloren haben!

> *„Und es geschah, dass sie ihn nach drei Tagen im Tempel fanden, wie er inmitten der Lehrer saß und ihnen zuhörte und sie befragte."*
> Lukas 2,46

Endlich! Kennst du diesen Augenblick, wo du die Gegenwart deines Herrn wiedergefunden hast?! Welch eine Erleichterung.

Maria macht ihm einen Vorwurf: *„Kind, warum hast du uns das angetan? Siehe, dein Vater und ich haben dich mit Schmerzen gesucht."* Ach, sie kannten ihn nicht. Obwohl er jetzt seid 12 Jahren bei ihnen war. Sanft weist er sie auf seine Bestimmung hin:

> *„Wusstet ihr nicht, dass ich in dem sein muss, was* **meines** *Vaters ist? Und sie verstanden das Wort nicht, das er zu ihnen redete."*
> Lukas 2,49-50

Wie sollten sie auch. Kennen wir unseren Herrn und wissen wir, wo er zu finden ist? Und doch, er, der Sohn des Höchsten,

> *„ging mit ihnen hinab und kam nach Nazareth, und er war ihnen untertan."* Lukas 2,51

Gott leiht uns unsere Kinder ...

Das haben wir uns schon einmal vor Augen gehalten: Auch wenn wir nicht den Sohn Gottes in unserer Familie haben wie Josef und Maria, so hat Gott uns doch mit unseren Kindern eine große Verantwortung anvertraut. Er leiht sie uns für die Zeit der Kindheit, damit wir sie für ihn erziehen. Sie sind nicht unser Besitz, wir dürfen sie nicht festhalten und klammern. Aber wir haben vor Gott Verantwortung.

Und zwei weitere Überlegungen möchte ich uns Eltern aus dieser Begebenheit der Kindheit Jesu vorstellen:

Was, wenn wir unsere Kinder aus den Augen verlieren ...

Wie häufig geschieht es, dass wir unsere Kinder aus den Augen verlieren. Ich meine jetzt nicht im Kaufhaus oder in der Innenstadt. Wie viele Eltern verlieren ihre Söhne und Töchter aus den Augen, was ihre geistliche und geistige Entwicklung angeht. Besonders wenn sie ins Teenyalter kommen, kapseln die Kinder sich ab und gehen ihre eigenen Wege. Ich weiß, wie schwer diese Zeit sein kann.

Doch dieser Prozess geschieht in der Regel nicht plötzlich, sondern schleichend. Besonders für unser Verhältnis als Väter zu ihnen trifft das zu. Wir hatten keine Zeit für sie, wir waren im Beruf oder in den vielen Aufgaben der Gemeinde gefangen, und unsere Kinder sagten fast nur noch „Onkel“ zu uns. Wie erschreckend wurde mir das bewusst, als mein Jüngster mir vorhielt: „Du hast doch nie Zeit für mich!“

Wann hast du dich das letzte Mal mit ihnen - am besten mit jedem einzeln - beschäftigt? Ich las neulich, dass deutsche Väter kaum mehr als 90 Sekunden am Tag mit ihren Kindern sprechen. Und das sind dann zumeist auch noch Ermahnungen oder Vorhaltungen. Wann hast du dich das letzte Mal für ihre Hobbies interessiert, wann hast du sie gebeten, dir zu helfen? Wann hast du mit ihnen Zeit verbracht, die ihnen gehörte? Ist es da ein Wunder, wenn der zweite Aspekt eintritt:

Wenn wir unsere Kinder nicht mehr verstehen ...

Du stehst neben deinem Sohn oder deiner Tochter und plötzlich hast du den Eindruck: Sie sind dir fremd geworden. Plötzlich sind sie nicht mehr die Kinder, sondern sind auf dem Weg, erwachsen zu werden. Verstehst du sie noch? Nein, du kannst nicht gewaltsam in sie dringen, um ihren inzwischen verschlossenen Kern zu knacken. Du verstehst ihre Sprache nicht mehr, ihre Musik, ihre Freunde. Irgendwie stehst du außen vor.

Ich kann mich noch gut daran erinnern, als einer meiner Söhne mir das „Lexikon der Szenensprache“ schenkte, weil er der Meinung war, dass wir uns so vielleicht besser verstehen würden.

Aber das war es nicht. Wir verstanden uns wieder, als ich bereit war, ihn um Vergebung zu bitten und ihm Vertrauen entgegenzubringen, weil ich ihn immer noch als das Kind angesehen hatte.

Besonders diese Zeit der Erziehung, in der man vielleicht meint, dass man nichts mehr ausrichten kann, ist eine Zeit des intensiven Gebets. Kindererziehung ist Kniearbeit. Vergessen wir das nie.

In Kapitel 22 werden wir uns noch ausführlicher mit der Zeit der Teenys beschäftigen.

Fragen zum Nachdenken:

- Haben wir unsere Kinder aus den Augen verloren?
- Haben wir den Herrn Jesus aus den Augen verloren?

18.

Unsere Erziehungsziele im Licht der Bibel

Zu Besuch bei Zebedäus' Familie

„Dann trat die Mutter der Söhne des Zebedäus mit ihren Söhnen zu dem Herrn Jesus und warf sich vor ihm nieder und wollte etwas von ihm erbitten. Er aber sprach zu ihr: „Was willst du?" Sie sagt zu ihm: „Bestimme, dass diese meine zwei Söhne einer zu deiner Rechten und einer zu deiner Linken sitzen mögen in deinem Reich!" Matthäus 20,20-21

„Unmöglich! Wie kann man nur!"

Wie viele Christen mögen wohl im Laufe der Jahrhunderte über die sonderbare Bitte dieser Mutter den Kopf geschüttelt haben: „Entweder war diese Frau sehr naiv oder aber sehr dreist! Was bildete sie sich nur auf sich und ihre Söhne ein? War sie denn etwas Besonderes?" Die übrigen Jünger kamen sich deshalb sogar mehrfach in die Haare: „Wer ist denn nun der Größte von uns? Wer hat die nähesten Beziehungen, die besten Fähigkeiten und damit die größten Aussichten auf einen besonderen Posten im zukünftigen Reich?" Einen handfesten Streit hatte es gegeben, so dass der Herr sie ernstlich zurechtweisen musste (Matthäus 20,24). Es mag ja sein, dass sie sich nicht gerade den günstigsten Augenblick ausgesucht hatte, um die Bitte wegen der Platzanweisung ihrer beiden Söhne vorzubringen. Unbestritten ist sicherlich auch, dass sie die Tragweite ihrer Anfrage nicht abzuschätzen wusste. Aber trotzdem imponiert mir diese engagierte Frau und Mutter, und ich wünschte, dass ich noch eine Menge von ihr lernen könnte.

Wer war diese Frau überhaupt?

Sie wird hier in unserem Abschnitt nur die Mutter der Söhne des Zebedäus genannt. Sie war also die Mutter der beiden Jünger Jakobus und Johannes. Wie in einem Puzzle lassen sich die verschiedenen Bibelstellen (z.B. Markus 15,40; Johannes 19,25; Matthäus 27,56) zusammenfügen und ergeben ein interessantes Bild dieser Frau: Sie scheint eine leibliche Schwester von Maria, der Mutter Jesu, gewesen zu sein. Ihr Name *Salome* bedeutet so viel wie „die Friedliche" und macht etwas von ihrem Wesen und Verhalten deutlich. Verheiratet war sie mit Zebedäus, der in Kapernaum einen Fischereibetrieb mit mehreren Angestellten unterhielt.

Mutter von zwei temperamentvollen Söhnen

Ihre Söhne Jakobus und Johannes sind uns natürlich durch die Berufung des Herrn Jesus besser bekannt als ihre Mutter. In der Regel verbinden wir mit ihren Namen die Würde und Autorität ihres Apostelamtes. Doch sind sie zunächst zwei sehr temperamentvolle junge Männer gewesen. Der „Spitzname", den der Herr Jesus ihnen bei ihrer Berufung in Markus 3,17 gab, und die Begebenheit in Lukas 9,54 machen deutlich, dass sie als „Söhne des Donners“ ganz schön aufbrausend sein konnten.

Eine engagierte Mutter als Vorbild

Es ist beeindruckend, dass Salome und Zebedäus ihren Söhnen nicht nur die Frage nach dem kommenden Messias und der verheißenen Erlösung Israels in ihrer Erziehung mit auf den Weg gegeben haben, so dass sie bei der Botschaft des Täufers Johannes sofort offen waren für dessen Hinweis auf den Herrn Jesus als das Lamm Gottes, das die Sünde der Welt wegnimmt (Johannes 1,29). Sie ließen sie auch bereitwillig los, als der Herr Jesus sie in seine Nachfolge rief (Lukas 5,10; Markus 1,19-20). Die Zukunft ihrer Söhne in der Nachfolge Jesu war ihnen bei weitem wichtiger als die Nachfolge im elterlichen Fischereibetrieb! Und Salome machte es ihren Söhnen vor, indem sie ebenfalls diesem Lehrer mit ganzer Entschiedenheit folgte. Sie begleitete ihren „Neffen(!)“, den sie als Messias erkannt und anerkannt hatte, auf vielen seiner Wege und diente ihm mit ihrer Habe (Matthäus 27,56). Wir finden sie sogar unter dem Kreuz mit ihrem Sohn Johannes (Johannes 19,25) und auch am Auferstehungsmorgen mit den übrigen Frauen am Grab (Markus 16,1), so dass sie mit zu den ersten Botinnen der Auferstehung des Herrn Jesus wurde! Ob wir unseren Kindern ein ebenso nachahmenswertes Vorbild der entschiedenen Nachfolge sein können?

Wie kommt Salome auf den Gedanken einer solchen Bitte?

Sie hatte den Sohn der Maria als den erkannt, der er wirklich war: als den Sohn Gottes, den Messias, der das verheißene Reich Gottes aufrichten würde. Sie hatte aufmerksam zugehört, als der Herr Jesus kurze Zeit zuvor in Matthäus 19,28 von diesem kommenden Reich gesprochen hatte. Dabei hatte er seinen Jüngern angekündigt, dass sie dann auf zwölf Thronen sitzen würden, um die zwölf Stämme Israels zu richten. Was lag näher, als sich mit ihren Söhnen darüber Gedanken zu machen. So wuchs in ihrem Herzen der Wunsch, dass ihre Söhne so nah wie irgend möglich bei dem König der Könige sein sollten. Und dieses Herz sah der Herr Jesus (und möchte es auch bei uns sehen).

Natürlich hatte das Beschäftigen mit diesen Gedanken um die Platzanweisung ihrer Söhne verhindert, dass sie und auch die übrigen Jünger die weiteren Worte des Herrn Jesus über sein Leiden, Sterben und Auferstehen bewusst aufgenommen hatten. Können wir ihr einen Vorwurf machen? Wie oft überhören wir eindeutige Worte unseres Herrn oder hören nur, was wir hören wollen!? Doch der Herr Jesus sah ihr hingegebenes Herz und er erhörte in seiner Weise ihre Bitte: Er gebrauchte ihre beiden Söhne tatsächlich später, wenn auch anders, als Salome es sich jemals vorgestellt hatte.

Was wünschen wir unseren Kindern?

Sollten wir nicht von diesem Ehepaar lernen? Sollten wir nicht durch ein engagiertes Leben in der bewussten Nachfolge des Herrn Jesus ein nachahmenswertes Vorbild für unsere Kinder sein? Sollte der Wunsch unserer Herzen nicht ebenfalls der sein, dass unsere Kinder so nah wie möglich bei ihm wären, um von ihm gebraucht zu werden? Johannes hat diesen Wunsch seiner Mutter in seinem Leben später übernommen, wenn er in hohem Alter schreibt: *„Eine größere Freude habe ich nicht als dies, dass ich höre, dass meine Kinder in der Wahrheit wandeln.“* 3. Johannes 4

Die Bitte um eine „göttliche Karriere" - Was sind unsere Erziehungsziele für unsere Kinder?

Was können wir unseren Kindern Besseres mitgeben als das Ziel eines an den Herrn Jesus hingegebenen Lebens? Eine „göttliche Karriere" ist zehntausendmal wertvoller als die beste irdische Erfolgsleiter. Der Herr Jesus nahm die in unseren Augen vielleicht unreife Bitte eines hingegebenen Herzens zum Anlass und gebrauchte Jakobus und Johannes in besonderer Weise. Er gab ihnen sozusagen eine persönliche „Umschulung" von Fischern am Galiläischen Meer zu Menschenfischern im Völkermeer! Jakobus wurde einer der ersten Märtyrer (Matthäus 20,23; vgl. Apostelgeschichte 12,12) und Johannes musste in die Verbannung, er schrieb die Offenbarung, das Evangelium und drei Briefe als Wort Gottes. Durch beide wurde und wird bis heute Gott verherrlicht. Ist das nicht ein erstrebenswerter Wunsch und ein echtes Gebetsanliegen von uns Eltern für unsere Kinder?

Welche Erziehungs- bzw. Lebensziele sollten wir Christen haben und vermitteln?

Erziehung ist Beispiel, Liebe und Vorbild auf dem Weg zur Selbständigkeit und Mündigkeit. Deshalb lebt euren Kindern vor, zu was ihr sie erziehen wollt:

1. *Erziehung zur Gottesfurcht:* Unser Bestreben sollte sein, die Liebe zum Herrn und völlige Hingabe an ihn unseren Kindern durch unser Vorbild schmackhaft zu machen (vgl. Sprüche 14,26; 1,7; 9,10; 10,27; 14,27; 22,4; Hiob 28,28; Jesaja 33,6). *„Die Furcht des Herrn ist der Weisheit Anfang"* (Psalm 111,10). Die Gottesfurcht hat das Ziel, dass unsere Kinder schon in jun-

gen Jahren Jesus als ihren persönlichen Retter und Herrn erfahren. Welch ein der Segen ist eine frühe Bekehrung!

2. *Erziehung zum Wort Gottes:* Die Liebe zur Bibel, das tägliche Lesen und Studieren der Heiligen Schrift und das regelmäßige Gebet wird ihnen helfen, ihr Leben in der Abhängigkeit von ihrem Herrn zu meistern.
3. *Erziehung zur Gemeinde:* Unser Vorbild macht ihnen die Gemeinde lieb, damit sie ein geistliches Zuhause haben (vgl. Psalm 84). *„Herr ich habe lieb die Stätte deiner Wohnung"* (Psalm 26,8; vgl. Kapitel 24).
4. *Erziehung zum Gehorsam:* Vorbild ist der Herr Jesus: *„Er lernte durch das, was er litt, den Gehorsam"* (Hebräer 5,8; vgl. Lukas 2,50; Epheser 6,1; Kolosser 3,20).
5. *Erziehung zur Wahrhaftigkeit:* Der Herr Jesus konnte sagen: *„Ich bin durchaus das, was ich rede"* (Johannes 8,25). Reden und Tun müssen miteinander übereinstimmen! (Vgl. Markus 12,14; Johannes 7,18; Sprüche 12,22; 16,6; 3,3; Psalm 145,18; Johannes 3,21; 14,6.) Unser Leben wird durch das Wort Gottes wahrhaftig (Johannes 17,17).
6. *Erziehung zur Treue, Zuverlässigkeit, Verlässlichkeit und Gelassenheit* (vgl. Psalm 37,3; 119,30; Daniel 6,4; Matthäus 25, 21; Lukas 16,10-17; 1. Korinther 4,2).
7. *Erziehung zur Selbstdisziplin:* Damit ist nicht Perfektionismus gemeint. Aber der Herr Jesus hatte einen disziplinierten Tagesablauf: Er stand früh auf zum Gebet (vgl. Markus 1,35).
8. *Erziehung zur Sittsamkeit, Schamhaftigkeit:* Das ist sicher ganz im Gegensatz zum heutigen Trend. Christen sind anders als andere! Sie machen nicht jede Mode mit (vgl. 1. Timotheus 2,9.15; 3,2).
9. *Erziehung zu Fleiß, Verantwortungsbewusstsein und selbständigem Arbeiten:* Wem gehört unsere Kraft? Arbeite ich so, als sei der Herr Jesus mein Chef, mein Auftraggeber? *„Was ir-*

gend ihr tut, arbeitet von Herzen, als dem Herrn und nicht den Menschen" (Kolosser 3,23).

10. *Erziehung zum Dienst für andere:* Wir sind nicht der Mittelpunkt der Welt. Den anderen im Blick haben entspricht der Gesinnung des Herrn Jesus (vgl. Philipper 2,2-5).
11. *Erziehung zur Belastbarkeit:* Weiche Erziehung und Verwöhnung machen lebensuntüchtig.
12. *Erziehung zur Ehrfurcht vor Vater und Mutter:* Das ist ein Gebot Gottes mit Verheißung (vgl. 2. Mose 20,12). Das betrifft gerade auch die Zeit des Alters.
13. *Erziehung zum rechten Umgang mit Eigentum, Geld, Zeit:* Wem gehört unser Portemonnaie? (Vgl. Apostelgeschichte 5,1-11, Annanias und Saphira)
14. *Erziehung zur Kritikfähigkeit und Krisenbewältigung:* Bin ich bereit, mich selbst von Gottes Wort immer wieder hinterfragen zu lassen? Der Herr Jesus hilft in Krisen; wir brauchen keine Panik zu bekommen.
15. *Erziehung zu guten Gewohnheiten:* Auch hier ist der Herr Jesus das beste Beispiel (vgl. Hebräer 5,14).
16. *Erziehung zur Mission:* Könnten wir uns vorstellen, dass unsere Kinder aufs Missionsfeld gehen? (Vgl. Matthäus 28,28)

Trachtet zuerst ...

Das kleine Büchlein „Trachtet zuerst" von William MacDonald (CLV, Bielefeld) ist gerade in dieser Beziehung sehr lohnenswert zu lesen und zu verwirklichen.

Fragen zum Nachdenken:

- Haben wir als Eltern uns gemeinsam Gedanken gemacht, was die Ziele unserer Erziehung sind?
- Wo liegen unsere Prioritäten?

40231

19.

Allein erziehend - was wird aus meinen Kindern?

Zu Besuch bei der Mutter von Johannes Markus

Wenn wir über allein erzogene Kinder nachdenken, muss uns bewusst sein, dass in Deutschland fast 18 Millionen Kinder unter 18 Jahren von allein erziehenden Vätern oder Müttern betreut werden, also von Witwen, Witwern, Geschiedenen und Nichtverheirateten. Zu diesem Problemkreis müssen wir all jene Frauen dazurechnen, die bei der Erziehung der Kinder von ihren Männern allein gelassen werden. Bissig sagte eine frustrierte Mutter einmal: „De facto ist damit jede Mutter eine Alleinerziehende!" Ist uns diese Situation in unseren Gemeinden klar? Denn in zunehmendem Maß werden wir auch in den Gemeinden die Folgen dieser Tatsache zu spüren bekommen. Reinhold Ruthe beschreibt in seinem „Elternbuch" die verschiedenen Problemkreise:

1. Die Probleme von Alleinerziehenden:

- Der Alleinerziehende gerät oft in eine Isolation.
- Scheidung und Tod schaffen oft Beziehungsprobleme.
- Alleinerziehende müssen mit Kummer, Einsamkeit, Verbitterung allein fertig werden.

- Alleinerziehende haben häufig mit psychischen Problemen und Beschwerden zu tun.
- Sie fühlen sich oft überfordert und überarbeitet, sind müde und leicht reizbar.
- Sie empfinden sich oft als Eindringling und Störenfried bei Paaren.
- Sie müssen alles allein entscheiden (Erziehung, Einkauf, Behörden, Freizeit). Ihnen fehlt der Gesprächspartner.
- In der Regel sind sie wirtschaftlich schlechter gestellt als andere.
- Sie haben oft größere Probleme mit den Kindern. Die Kinder sind häufig in der Schule schwieriger. Scheidung und Trennung werden kaum wirklich verkraftet. Sie sind dadurch unkonzentrierter, bedrückter und belasteter.
- Das Vorbild von Vater/Mutter fehlt.

2. Die Probleme von allein erzogenen Kindern:

Folgende Reaktionen sind bei Kindern, die allein erzogen werden, je nach ihrem Alter zu beobachten:

2-3 J. - Verzögerung der Sauberkeitsphase
- Weinen, Angstzustände, Aggressivität, Trotz
- starkes Verlangen nach Freunden

3-5 J. - starkes Irritiertsein, Weinen, Aggressionen
- Vertrauen in menschliche Beziehung ist erschüttert
- sie suchen nach Erklärung: „Warum ist der Vater weg?"

5-6 J. - mangelnde Konzentration, Wunsch nach Rückkehr,
- Versagensängste, Tagträume

7-8 J. - anhaltende Traurigkeit, Resignation, Versagensängste,
- sie fühlen sich oft mitschuldig

9-12 J. - schlechte Schulleistungen, Ängste vor der Zukunft

13-18 J. - Hilflosigkeit, Zorn, Trauer, Schmerz, Scham,
- sie fühlen sich oft verlassen,
- Hilfe wird von ihnen oft in der Clique gesucht.

Wo finden wir in der Bibel Beispiele von Alleinerziehenden?

Bei meinen Recherchen stieß ich auf Johannes Markus im Neuen Testament. Bei ihm wird in der Bibel nur seine Mutter erwähnt, die in Jerusalem ein Haus besaß, das über Räumlichkeiten verfügte, so dass ein Teil der jungen Gemeinde in Jerusalem dort zum Gebet zusammenkommen konnte. Außerdem wird der Onkel erwähnt (Barnabas), der sich sehr um seinen jungen Neffen kümmert. Wenn wir als möglich voraussetzen, dass Johannes Markus identisch ist mit dem reichen Jüngling in Markus 10,17 und dem fliehenden Jüngling in Markus 14,51 (einiges könnte darauf hindeuten), können wir durchaus manche seiner Verhaltensweisen in der späteren Apostelgeschichte als Folge der Alleinerziehung erkennen: Apostelgeschichte 12,12; 13,13; 15,38; 1. Petrus 5,13; Kolosser 4,10; Philemon 24; 2. Timotheus 4,12. Er scheint in begüterter Umgebung aufgewachsen zu sein. Sowohl sein Onkel Barnabas als auch seine Mutter haben umfangreiches Eigentum. Seine Mutter und auch sein Onkel glauben an den Herrn Jesus und sind ihm ein gutes Zeugnis. Seine Mutter hat zudem ein offenes Haus für die Gläubigen in Jerusalem. Und doch scheint mir der Rückzug des jungen Johannes-Markus auf der ersten Missionsreise, nachdem er die ersten Strapazen erlebt hat, darauf hinzudeuten, dass er nicht belastbar ist und nicht ausdauernd in der Arbeit. Es ist schön zu sehen, dass sein Onkel sich weiter seiner annimmt und ihn fördert, so dass sein späteres Leben durchaus noch zu einem bedeutsamen Zeugnis wurde, das auch von dem Apostel Paulus gelobt wird.

Aus diesem Beispiel können wir einige Punkte ablesen, die vielleicht ein kleine Hilfe sowohl für Alleinerziehende sein können als auch für solche, die ihnen in ihrer Situation helfen möchten.

Was können Alleinerziehende tun, um Problemen vorzubeugen?

Bei der Mutter von Johannes-Markus merken wir, dass sie bewusst etwas gegen ihre Isolation tut: Sie öffnet ihr Haus für andere, obwohl das sicherlich eine Menge Arbeit mit sich bringt. Damit steht sie nicht selbst im Mittelpunkt.

Zum Zweiten klammert sie sich nicht an ihren Sohn. Sie kann ihn loslassen. Wie leicht geschieht es, dass Alleinerziehende ihre Kinder zu ihren Vertrauten machen (Partnerersatz). Kinder werden dadurch überfordert (Mutter-Sohn-Bindung). Eine besondere Gefahr ist dies in solchen Situationen, in denen die Eltern geschieden sind und Kinder zwischen den Geschiedenen hin- und hergerissen werden.

Ein wichtiger Punkt ist deshalb das Gebet des Alleinerziehenden, dass Gott die Kinder gebrauchen möge: „Herr gebrauche meine Kinder."

Da viele durch ihre Vergangenheit belastet sind, ist es nötig, dass sie bewusst ihre Gedanken gefangen nehmen unter den Gehorsam des Christus. Ich möchte das Gedanken-Stopp nennen. Das meint: Meine Gedanken dürfen nicht ständig um mich selbst kreisen. Aufgaben für andere zu übernehmen, hilft dabei sicherlich.

Aber Alleinerziehende brauchen auch Hilfe!

Hier möchte ich als Erstes die Verantwortung der Gemeinde

nennen. Die Gemeinde in Jerusalem hat das Angebot, sich bei der Mutter von Johannes-Markus zu versammeln, gerne in Anspruch genommen. Damit hilft sie ihr, aus der Isolation herauszukommen. Bei schwierigen sozialen Fällen ist sicher hier auch die Hilfe der Gemeinde gefordert.

Als Gemeinde sollten wir regelmäßig für die Alleinerziehenden beten und in vielen alltäglichen Dingen helfen.

Außerdem hat die Verwandtschaft Verantwortung zu übernehmen. In unserem biblischen Beispiel tut das Barnabas in vorbildlicher Weise. Er übernimmt sozusagen die Vaterrolle, indem er zum Mentor des Johannes-Markus wird. Ähnliches finden wir bei Abraham gegenüber dessen Neffen Lot.

Gottes Verheißungen für Witwen und Waisen:

An dieser Stelle möchte ich die besonderen Zusagen Gottes für Witwen und Waisen aufzeigen:

- *Gebote zur Unterstützung und Hilfe:* Hier sind wir Christen gefordert: 2. Mose 22,22; 5. Mose 14,29; 16,14; 24,17.19-21; 26,12-13; 27,19; Psalm 82,3; Jesaja 1,17; Jeremia 7,6; 22,3; Sacharja 7,10; Apostelgeschichte 6,1-6; 1. Timotheus 5,3-16; Judas 27.
- *Verheißungen seiner Hilfe:* Gott selbst verspricht Alleinstehenden seine Hilfe: Psalm 10,14.18; 68,5; 146,9; Sprüche 15,25; Jeremia 49,11; Hosea 14,3.

Fragen zum Nachdenken:

- Wo gibt es Alleinerziehende in meiner Umgebung, wo ich/wir gefordert sind?
- Wie kann ich als Alleinerziehende aus meiner Isolation herauskommen und Aufgaben an anderen übernehmen?

20.

Geschwister sind ja so unterschiedlich!

Zu Besuch in Betanien

Das wird jeder bestätigen können, der mehrere Kinder in der Familie hat: Jedes ist anders. Unsere vier konnten zwar gut miteinander musizieren, aber in ihren Veranlagungen, Stärken und Schwächen waren sie total verschieden.

Micha, unser Ältester, war der Besonnenste von allen. Wohl daher, weil er schon früh Verantwortung für seine jüngeren Geschwister übernehmen musste, diese aber auch selbst sah. Auf der anderen Seite war er in der Schule eher zurückhaltend und traute sich nicht, wenn nötig, dem Lehrer etwas zu erwidern. Das machte er lieber schriftlich.

Ruth, unsere Zweite, hatte da weniger Hemmungen. Wenn sie aus der Schule kam, sprudelte es nur aus ihr heraus. Sie musste alles Erlebte erzählen. Eines Tages meldete sich der Deutschlehrer an: Er wolle die Eltern des Mädchen kennen lernen, das ihn immer in die Ecke diskutiere.

Timo war das genaue Gegenteil von ihr. Er schwieg. Freiwillig erzählte er nichts. Wie es drinnen bei ihm aussah, konnten wir nur seinem Klavierspiel entnehmen. Je nachdem, wie er die Tasten bearbeitete, war der Vormittag verlaufen. Manches Mal stand er still neben meinem Schreibtisch und schaute zu. Wenn ich ihn fragte, ob er etwas auf dem Herzen habe, schüttelte er nur den Kopf. Eines Tages hing an meiner Bürotür ein Gedicht, das er gefunden hatte, und das er für mich abgeschrieben hatte. Es drückte aus, was ihn bewegte: „Ich will beim Vater sein." - Als wir uns eines Tages bei Tisch über die Unterrichtsstunden unterhielten und uns darüber austauschten, wie wir als Christen auf Ansichten der Lehrer reagieren könnten, fragte Ruth ihn: „Warum gibst du dem Lehrer nicht Kontra?" Timo zögerte, dann meinte er: „Man kann doch nur etwas sagen, wenn man ganz sicher ist."

David wurde als Nachzügler geboren, so dass er die Teenyjahre fast wie ein Einzelkind erlebte. In allem, was er tat und wofür er sich interessierte, machte er immer eindeutig klar: „Ich bin anders als meine großen Geschwister!" Er hörte andere Musik als sie, er spielte andere Instrumente, sein Zimmer war das chaotischste von allen. Aber die Schule schaffte er am leichtesten.

Ja, Kinder sind unterschiedlich. Wir kennen eine interessante und von uns sehr geschätzte Familie, die zwölf Kinder hat. Auch sie sagen: Jedes Kind ist verschieden, und es ist nicht immer leicht, jedem ihm entsprechend zu begegnen und doch dabei gerecht zu bleiben.

Wie geht man mit unterschiedlichen Kindern um?

An dem Beispiel von Jakob und Esau (vgl. Kapitel 6) haben wir gesehen, zu welch katastrophalen Ergebnissen unterschiedliche Erziehung führen kann. Wie aber können wir dem begegnen? An dem Beispiel der drei Geschwister in Bethanien wollen wir beobachten, wie der Herr Jesus mit der Unterschiedlichkeit in dieser Familie umgegangen ist.

Wir lesen von diesen drei Menschen in Lukas 10,38-42, in Johannes 11,1-43 und 12,1-7 (vgl. Matthäus 26,6; Markus 14,3). Marta, Maria und Lazarus waren wohl unverheiratet und lebten miteinander in einem Haushalt in dem kleinen Vorort von Jerusalem auf der jenseitigen Seite des Ölbergs. Sie hatten in dem Herrn Jesus den Messias, den Sohn Gottes erkannt und hatten für ihn und seine Jünger stets ein offenes Haus. Gerne war der Herr hier und genoss dankbar ihre Liebe und Gastfreundschaft. Bedenken wir, wie viel Arbeit es bedeutete, 13 Männer zu berherbergen und zu verköstigen! Hier können wir sicher von ihnen lernen.

Wie werden diese drei charakterisiert? Nun, ich denke, Martha ist möglicherweise die Älteste der Geschwister, sie ist tatkräftig, realistisch, gastfrei, aktiv, extrovertiert und setzt sich gerne für andere ein; die Gäste sollen sich in ihrem Haus wohlfühlen. Und das erreicht sie auch.

Maria scheint eher introvertiert, still und wissbegierig zu sein, sie ist ebenfalls gastfrei, doch ist für sie das Beisammensein und das Hören auf Jesus wichtiger als der äußere Rahmen und ein gutes Essen. Sie opfert dem Herrn Jesus ihre große Ersparnis und lässt sich nicht beirren, als die Jünger ihr Vorhaltungen machen.

Von Lazarus hören wir weniger. Er ist möglicherweise eher kränklich, wird von seinen Schwestern geliebt, aber auch er ist gastfrei: Er veranlasst ein Abendessen, nachdem ihn der Herr Jesus auferweckt hatte.

Alle drei sind sehr opferbereit und trauen dem Herrn Großes zu. Man sollte meinen, dass hier doch alles zum Besten stehe. Doch der kleine Vorwurf der Marta bringt eine Spannung und Disharmonie in das Haus in Betanien: „Herr Jesus, könntest du nicht mal meiner Schwester sagen ...? Siehst du nicht, dass sie mich allein lässt? Ich arbeite, und sie hört nur zu!“

Hier merken wir, wie aus unterschiedlichen Charaktereigenschaften plötzlich verschiedene Wertigkeiten und damit Neid und Bitterkeit im Herzen entstehen.

Wie geht der Herr Jesus damit um?

Ich muss bekennen, ich hätte wahrscheinlich die ganze Sache heruntergespielt. Ich hätte Maria gebeten, ihrer Schwester mal kurz zu helfen. Damit hätte ich aber auch das gerade behandelte Thema unterbrochen. Die Disharmonie hätte sich auf alle gelegt und man hätte gewartet, bis die Arbeit getan war.

Doch der Herr Jesus geht mit dieser Situation anders um. Dazu muss man sagen, dass ausdrücklich erwähnt wird, dass er die drei Geschwister wirklich lieb hatte. So kann er Marta Grenzen aufzeigen und ihr die Prioritäten deutlich machen, die in seiner Gegenwart gelten. Und er nimmt Maria für ihr Verhalten in Schutz. Er zeigt auf, dass ihr Zuhören keine Faulheit angesichts der Arbeit ist.

Die Begebenheit in Johannes 12,2 macht klar, dass Marta ihre Lektion verstanden hat: Sie dient ohne Vorwurf und Groll. Und der Herr Jesus nimmt auch hier Maria in Schutz vor seinem Kassierer Judas, der missbilligend äußert, dass die Salbung, die Maria vornimmt, reinste Verschwendung sei. Immerhin ein Gegenwert von dem Jahresverdienst eines Tagelöhners.

Man könnte fragen, wie geht der Herr Jesus mit Lazarus um? Immerhin: Er mutet ihm zu, die Mühen der Krankheit und des Sterbens durchzumachen. Sicherlich hätte er das verhindern können, so wie die beiden Schwestern es gehofft hatten, doch er hatte mehr mit Lazarus vor. Durch die Auferstehung von den Toten wird die Größe des Sohnes Gottes noch mehr hervorgehoben. Das hat sogar zur Folge, dass Lazarus selbst in Lebensgefahr gerät, da die Hohenpriester überlegen, ihn umzubringen, weil die Juden um seinetwillen an Jesus glaubten.

Wie gehen wir mit stärkeren oder schwächeren Geschwisterkindern um?

Mit unseren „starken" Kindern

Natürlich brauchen Kinder auch Strafe und Zurechtweisung, doch diese muss stets in Liebe geschehen. Unsere Sprösslinge müssen wissen, dass Strafe aus Liebe zu ihnen geschieht, nicht aus Rache, Jähzorn oder Vergeltung (vgl. Hebräer 12,5-11; Offenbarung 3,19; Sprüche 13,24; 22,15; 23,13-14; 29,15-17). Die Korrektur des Herrn Jesus an Marta hatte „Erfolg", weil sie um seine Liebe wusste.

Mit unseren „schwachen" Kindern

Schwache Kinder brauchen Lob, Ermutigung, aufbauende Kritik (vgl. Kapitel 21; siehe auch Epheser 6,4; Kolosser 3,21). Die Inschutznahme der Maria durch den Herrn Jesus stärkte sie, Missbilligung durch andere zu verkraften.

Fragen zum Nachdenken:

- Werde ich der Unterschiedlichkeit meiner Kinder gerecht, ohne ungerecht zu werden?
- Vermeide ich Bevorzugung einzelner oder das miteinander Vergleichen der Kinder? Kinder sind uns von Gott unterschiedlich gegeben, sie sollen auch unterschiedlich bleiben.

21.

Wie werden wir eine Mutmacher-Familie?

Miesmacher gibt's genug

„Ihr Väter, reizt eure Kinder nicht, damit sie nicht mutlos werden!" Kolosser 3,21
„Ihr Väter, reizt eure Kinder nicht zum Zorn, sondern zieht sie auf in der Zucht und Ermahnung des Herrn!" Epheser 6,4

Dieses Kapitel wäre vermutlich besser von meinen Kindern geschrieben worden, da sie eher abschätzen könnten, ob die Erziehung ihrer Eltern wirklich ermutigend war, oder ob sie derjenigen eher geglichen hat, vor der die Stelle aus Kolosser 3,21 warnt. Wenn ich an meine eigene Kindheit denke, bin ich von Herzen dankbar, dass meine Eltern mein Leben so entscheidend geprägt haben, dass ich Mut hatte, selbst Familie zu gründen und Kinder zu erziehen. Ja, es stimmt: Das Beispiel und Vorbild der Eltern prägt die Persönlichkeit und den Glaubensmut der nächsten Generation.

Die Generation X

Die Gruppe der heute 30- bis 40-Jährigen, die so genannte Generation X, hat wenig Mut machende Erziehung von ihren Eltern erfahren. Auf einem Erzieherseminar sagte ein Referent einmal: „Eine wertfreie Erziehung ist eine wertlose Erziehung." Das stimmt. Nach einer Zeit der inneren Opposition und der antiautoritären Erziehung hat sich unsere Gesellschaft von den biblisch-christlichen Werten abgewandt und erntet in zunehmendem Maß die aufgehende Saat: Die junge Generation ist einerseits auf weiten Strecken geprägt von einer maßlosen Selbstüberschätzung, andererseits von einer inneren Unsicherheit und Labilität (s. Kolosser 3,21). Sie ist anfällig für die unterschiedlichsten Beeinflussungen und Suchtgefährdungen. Die Anti-Drogen-Kampagne zeigt mit einer Plakatserie zwar auf, dass das Starkmachen von Kindern vor solchen Gefahren schützen kann, doch kann man von dieser Seite keine entscheidenden Hilfen für das „Wie" des Starkmachens erwarten. Gottes Wort zeigt uns dagegen hilfreiche Hinweise sowie negative und positive Beispiele, wie Menschen durch Ermutigung zu starken Persönlichkeiten wurden bzw. scheiterten.

Wodurch entsteht Mutlosigkeit?

1. Durch Überforderung

„Lass das!", „Pass auf!", „Wenn du nicht sofort, dann ...!" Übertriebene Anforderungen der Eltern machen ein Kind mutlos. Hier gilt, was Sprüche 22,6 sagt: *„Erziehe den Knaben seinem Weg gemäß."* Das heißt: Ich darf Kindern nicht mehr abverlangen, als sie ihrem Alter entsprechend vermögen. Wie viele Eltern kommandieren und befehlen den ganzen Tag. Ständige Appelle aber und Ermahnungen ermutigen ein Kind nicht.

2. Durch Nicht-Zutrauen, durch Herabsetzen vor anderen

„Das kannst du nicht, du bist zu klein!", „Lass mich das besser machen, ich kann's besser (oder schneller)", „Du bist ein Stümper, ein Versager!"

3. Durch Nicht-hinter-dem-Kind-Stehen, durch öffentliches Blamieren oder Lächerlichmachen
„Und du willst mein Sohn sein?!", „Du kannst ja noch nicht einmal ...", „Du bist und bleibst eine Heulsuse!", „Ich in deinem Alter ...!", „Nimm dir mal ein Beispiel an deinem kleineren Bruder!"

4. Durch stetes Vorhalten von Fehlern oder Schwächen
„Du schaffst das ja immer noch nicht!", „Du machst immer die gleichen Fehler!", „Du bist ein Feigling!"

Ein entmutigtes Kind ist ein ängstliches Kind. Es reagiert schüchtern, gehemmt und unsicher. Es wird sich dadurch wieder - aus Angst, etwas Falsch zu machen - nichts zutrauen.

Das ermutigte Kind dagegen, dem Vertrauen und Zuversicht entgegengebracht wurde, entwickelt Selbstvertrauen, es fasst Aufgaben mutig an - und wird sie bewältigen.

Wie können wir denn ermutigen?

Reinhold Ruthe schreibt in seinem „Elternbuch" (Brockhaus, 1991): „Ermutigung ist eine Haltung und Gesinnung; keine Technik oder Methode der Pädagogik!"

Es ist also zunächst wichtig, wie ich zum Kind stehe, welche innere Haltung ich zu ihm habe. Ist mir die Erziehung lästig, weil ich genervt bin duch den Alltagsstress? Oder liegt mir das Wohl des Kindes wirklich am Herzen? Mein Vater sagte in dieser Beziehung stets: „Kindererziehung ist Knie-Arbeit!", und er meinte damit das gemeinsame intensive Gebet der Eltern für ihre Kinder.

Wodurch können wir also unsere Kinder ermutigen?

1. Durch Gebet für die Kinder

Lasst uns unsere Kinder stets im Gebet vor Gott bringen. Das wird uns die Weisheit geben, ihnen täglich in der rechten Weise zu begegnen. Der Herr Jesus sagt: *„Lasst die Kinder* ***zu mir*** *kommen!"* Er nahm sie in die Arme und segnete sie.

2. Durch Gebet mit den Kindern

Zum einen lernen sie so, selbst zu beten, zum anderen ist es wichtig, die Anliegen der Kinder zum gemeinsamen Gebet zu machen. So erleben sie, dass sie mit allen kleinen und großen Problemen zum Vater im Himmel kommen können und er sie hört. Wie oft haben wir mit unseren Kindern miterlebt, dass Gott ihre Gebete erhört hat! Das hat ihnen Mut gemacht.

3. Durch Singen mit den Kindern

Eine Kassette oder CD kann niemals das gemeinsame Singen ersetzen! Singen macht froh! Auch wir Erwachsenen haben das vermehrt nötig! Gott zu loben im Lied, macht unsere Herzen dankbar und zufrieden (Jakobus 5,13; Psalm 33,3; Kolosser 3,16) und schafft eine frohe, offene Atmosphäre in unseren Familien!

4. Durch gemeinsames Lesen des Wortes Gottes und Besuch der Gemeinde

Dem Alter entsprechendes gemeinsames Lesen des Wortes Gottes hilft dem Kind, Gott in seinem Wesen als Herr und Vater kennen zu lernen. Das schafft Vertrauen und Geborgenheit auch für Zeiten, in denen Eltern vielleicht einmal versagen. Eltern sind nicht vollkommen (früher oder später werden Kinder das merken), Gott aber ist zuverlässig und treu!

5. Durch echte Vergebung

„Was ich vergeben habe, ist wirklich aus der Welt!" Das heißt, ich darf Vergebenes nicht wieder hervorholen und vorhalten! Schon gar nicht vor anderen! Vergeben bedeutet: Nicht mehr gedenken! Das ist nicht leicht, aber dringend nötig (Epheser 4,32)!

6. Durch Erkennen und Fördern von Begabungen

Jedes Kind hat nicht nur Schwächen, sondern auch Stärken. Diese zu fördern, ermutigt Kinder. Der eine ist vielleicht nicht sonderlich intelektuell begabt, aber dafür sehr praktisch veranlagt. Der andere mag zwei „linke" Hände haben, dafür aber ein Herz für andere. Kinder sind von Gott geschaffen, und Gott hat einen Plan für ihr Leben. Ob wir als Eltern begreifen, wofür Gott unsere Kinder vorgesehen hat?!

7. Durch Vertrauen und Zutrauen

„Ich traue dir das zu!", „Willst du es versuchen?", „Du schaffst das schon!" Wenn ein Kind seinen Eltern vertraut, traut es sich auch zu, einmal etwas falsch zu machen, ohne dass „die Welt zusammenbricht". Es riskiert Misserfolg, weil seine Eltern es ihm erlauben, dass es aus Fehlern lernen darf. Lernen bedeutet auch, Fehler machen zu dürfen. Ein ermutigtes Kind weiß, dass seine Eltern trotzdem hinter ihm stehen.

8. Durch „Danke"-Sagen

„Danke, dass du mir heute geholfen hast!" Auch wenn man meint, helfen sei selbstverständlich - „Danke"-sagen sollte es auch sein! Dank drückt die Zuneigung und Wertschätzung des anderen aus. Gott erwartet Dank von uns (Lukas 17,18), und wir tun gut daran, einander zu danken. Dank macht innerlich zufrieden und ermutigt den anderen sehr.

9. Durch gemeinsame Unternehmungen

„Ich hab Zeit für dich!" Wie schnell sind die Kinder groß! Die Zeit der Erziehung ist durch nichts zurückzuholen! Mir ist aufgefallen, dass wir dem Erstgeborenen noch die größte Aufmerksamkeit geschenkt haben, aber der Jüngste bekam am wenigsten unserer Zeit und Zuwendung mit ... Wie wichtig ist jedoch, dass unsere Kinder ihre Eltern auch einmal für sich allein haben.

10. Ermutigen ist mehr als loben

Ermutigen heißt, nicht nur eine gelungene Tat hervorzuheben, sondern ein Bemühen zu würdigen. Ich zitiere noch einmal Reinhold Ruthe: „Der Lobende sagt: ‚Ich bin stolz auf deine guten Noten!' Der Ermutigende sagt: ‚Ich freue mich, dass du so gerne lernst!' Pessimismus ist Entmutigung, Optimismus ist Ermutigung."

Wie ermutigt Gott?

„Euer Herz fasse Mut!", „Fürchte dich nicht!", „Sei mutig und unverzagt!" - Es lohnt sich, anhand der Konkordanz oder eines Computer-Bibelprogramms die Bibelverse herauszuschreiben, in denen Gott bzw. der Herr Jesus uns Menschen Mut macht, uns ermutigt und die Furcht nimmt. Und wenn Gott das tut, sind das keine leeren Worte, sondern wir dürfen wissen: Er steht zu uns, wir können uns auf ihn verlassen. „Ich will dich nicht versäumen noch verlassen!"

Was sind die Voraussetzungen dafür, Kindern Mut zu machen?

Wenn ich andere ermutigen will, muss ich selbst ein von Gott Ermutigter sein. Ermutigte Eltern vertrauen Gott und können diese Zuversicht, diese Geborgenheit, dieses Vertrauen ihren

Kindern weitervermitteln. Auch hier gilt: Ich kann meine Kinder nur so weit erziehen, wie ich selbst von Gott erzogen bin und bereit, mich weitererziehen zu lassen! Ermutigte Eltern schenken ihren Kindern Vertrauen, weil sie sie Gott im Gebet anvertrauen können. Ermutigte Eltern vermitteln ihren Kindern einen getrosten Blick in die Zukunft - auch wenn die Zeiten schwieriger werden -, weil sie um das Ankommen am Ziel bei Gott wissen: *„Ich bin der guten Zuversicht, dass der, der ein gutes Werk in euch angefangen hat, es vollenden wird bis auf den Tag Christi Jesu“* (Philipper 1,6).

Ein kleiner Tipp

Bastelt zusammen mit den Kindern kleine Geschenkkärtchen, auf denen ein „Mut-mach-“ , ein „Fürchte-dich-nicht-“ oder ein „Danke-Vers“ aufgeschrieben (und bunt verziert) wird. Diese Kärtchen eignen sich, um sie andern zum Mut machen zu schenken (bei Besuchen, Geburtstagen, vor einer Klassenarbeit, vor einer schwierigen Aufgabe, die Papa im Beruf hat, ...)

Fragen zum Nachdenken:
- Bin ich ein Mutmacher oder nörgel ich eher mehr?
- Wann hab ich das letzte Mal jemandem gedankt?

22.

Leben mit einem Kaktus

Wie gehen wir mit unseren Teenagern um?

Wenn ich mich recht erinnere, stammt die Überschrift dieses Kapitels ursprünglich aus einem Referat von Lothar Jung, Jugendreferent der deutschen Brüdergemeinden. Ich hoffe, er hat nichts dagegen, dass ich diesen Ausspruch als Überschrift zitiere. Ich finde ihn ebenso treffend wie das nachfolgende Zitat von ihm: „Pubertät ist, wenn die Eltern schwierig werden ..."

Mark Twain soll einmal gesagt haben: „Als ich ein Junge von 14 Jahren war, war mein Vater so dumm, dass ich es kaum ertragen konnte, den Mann in meiner Nähe zu haben. Als ich 21 wurde, staunte ich, wie viel er in 7 Jahren gelernt hatte ..."

Ich habe den Eindruck, kaum ein anderer Lebensabschnitt gibt so viel her für treffende Zitate. Hier noch einige von ihnen:

„Das Teeny-Alter kommt immer so plötzlich!", oder dieses:

„Das Jugendalter ist erst abgeschlossen, wenn Ihr Kind seine Rechnungen selbst bezahlt!" Das nächste Zitat ist dagegen schon sehr tiefsinnig: „Voraussetzung, einen Teeny zu ändern, ist, sich selbst zu verändern!" Zur Gruppe des schwarzen Humors könnte man diesen Ausspruch zählen: „Es gibt eine gute und eine schlechte Nachricht für das Leben als bzw. mit einem

Teeny: *Die gute Nachricht:* Die Zeit der Teenies dauert nicht ewig! *Die schlechte Nachricht:* Das Ende dieser Zeit kann 7-12 Jahre auf sich warten lassen ..."

Ja, Teenager haben sich verändert! Aber die Welt, in der sie leben, auch! Ebenso die Situation der Eltern! Und auch die Eltern selbst! Wie gehen wir also als Veränderte miteinander um? Wir können das Rad der Geschichte nicht zurückdrehen. Aber wir können uns Veränderte durch Gott verändern lassen!

Ihr Erscheinungsbild

Teenager haben schon immer - auch als sie noch nicht so genannt wurden - anders sein wollen als die gängige Generation. Ob sie Halbstarke, Backfische oder Greenhorn hießen, die Altersgruppe, die gerade den Kinderschuhen entwachsen ist, versucht, die eigene Position zu finden und möglichst dadurch aufzufallen, dass sie sich durch ihr Äußeres, durch ihr Reden, ihre Musik, ihre Wertvorstellungen oder ihre Medien deutlich von dem Bestehenden absetzt. Die jeweils von ihnen bevorzugten Zeitschriften prägen den Trend und diktieren, was „in" und was „out" ist. Denken wir an die Bewegung, die Anfang des 20. Jahrhunderts durch die Zeitschrift „Jugend" gar eine ganze Kunst- und Kulturrichtung geprägt hat: den Jugendstil. Oder in den 50er Jahren die Zeitschrift „Twen", ein Kultmagazin, das das Denken einer Generation formte. Die Formen mögen unterschiedlich sein, Ziel aber ist immer, die ältere Generation zu provozieren.

So mögen vielleicht gerade zerrissene Hosen, bauchfreie Minitops, gegeelte, gestilte oder gefärbte Haare, Tattoos auf Schulter oder Po, Clips in Bauchnabel und Nase „cool" sein - wichtig ist, dass es auffällt und von der Clique akzeptiert wird. Hauptsache anders.

Ihr Wesen

Auch hier sind Eltern vor Überraschungen nie sicher. Mal frech, mal nett; mal begeistert, mal letargisch. Durch die Veränderung ihrer Gefühle und die Suche nach der eigenen Identität werden die Kindheitsgefühle abgestreift. Neue, bisher unbekannte Gefühle und die Welt des anderen Geschlechts werden entdeckt. Schmetterlinge im Bauch. Der erste fahrbare Untersatz, Internet, SMS, Gameboy oder DVD. Eine Welt, die es zu entdecken gilt, in der die eigenen Eltern nicht mitreden können. Man surft und chattet oder schickt sich 'ne SMS. Ihre Sprache wird für Erwachsene unverständlich: Was früher toll und dufte war, ist heute „cool" und „turbogeil". Jeder braucht den „Superkick" (neudeutsch: Adrenalinstoß).

Und die Musik! Da waren die Beatles ja noch harmlose Bubies! Protest ist angesagt, Hauptsache laut und provozierend.

Einen ausgefallenen Gerechtigkeitssinn entwickeln sie, lassen sich nichts gefallen und stecken die Erwachsenenwelt in Schubladen.

Es ist die Zeit ...

in der die wichtigsten Entscheidungen des Lebens fallen. Fortbildung, Beruf, Partnerwahl. Wie werd' ich meine Zukunft leben? Sie sind auf dem Weg, erwachsen zu werden, möchten im Grunde aber immer noch Kinder bleiben. Oft benehmen sie sich geradezu kindisch; doch wehe, sie werden nicht ernst genommen! Ja, die Zeit der Pubertät ist nicht einfach für unsere Teenies. Sie müssen lernen, mit sich selbst klarzukommen, sich selbst zu entdecken.

Es ist die Zeit, in der das andere Geschlecht und die eigene Wirkung auf andere entdeckt wird. Die Zeit, in der der Mensch zur Persönlichkeit reift, in der er Verantwortung übernehmen lernt und eigene Standpunkte zu finden bemüht ist.

In welch eine Welt ...

wachsen unsere Teenies hinein!? Es ist eine kaputte Welt, eine Welt ohne Werte und ohne gesellschaftliche, berufliche, politische und moralische Perspektiven. Geprägt wurden sie durch eine wertfreie Erziehung an den Schulen. Das Menschenbild des Humanismus und die Welt der 68er-Generation haben ihr junges Leben an den Ausbildungsstätten und durch die Medien begleitet: Protest gegen alles, nur nicht gegen sich selbst!

Diese Entwicklung hat nicht halt gemacht vor den Türen der Gemeinden und den Häusern der Christen.

Wir mögen uns aufregen über den Zustand unserer Welt, in der wir leben, und über das Verhalten unserer Teenies. Aber haben wir in unserer Generation nicht die gleiche Entwicklung gemacht? „Natürlich“, wirst du sagen, „damals war alles noch nicht so schlimm! Als wir jung waren ...“

Aber haben wir Eltern die heimlichen Miterzieher unserer Kinder im Auge behalten? Haben *wir* sie geprägt oder ließen wir sie prägen? Wundert es uns da, wenn ihre gängige Meinung an der Allgemeinheit ausgerichtet wird: „Aber wieso, Papa, das tun doch alle ...!“ Erziehung fängt nicht erst in der Zeit der Pubertät an, wenn die Eltern wach werden, sondern bereits im Kleinkindalter. Neulich las ich im Wartezimmer eines Arztes: „Die wichtigsten Jahre für die Entwicklung eines Kindes sind die ersten vier Jahre!“ Wie wahr kann ich nur sagen.

Wir wollen uns noch einmal fragen: Was ist Erziehung?

Und an dieser Stelle soll es uns in erster Linie um die Erziehung bei Teenies gehen.

- Teenies erwarten Antworten auf ihre Fragen von uns, wir dürfen sie nicht hinhalten, sondern müssen sie ernst nehmen.
- Sie hinterfragen unsere Standpunkte. Das mag weh tun und verletzend wirken, aber solange sie dich fragen, bist du noch im Gespräch mit ihnen.
- Sie beobachten dich als Vater und Mutter kritisch, lebe deshalb transparent, sei echt und aufrichtig.
- Auf der einen Seite wollen sie ihre Erfahrungen selbst machen, auf der anderen Seite erwarten sie, dass wir Grenzen setzen. Aber für diese Grenzen fordern sie mit Recht Argumente, die einleuchten.
- Sie wollen möglichst immer das letzte Wort haben, weil sie sonst meinen, uns gegenüber verloren zu haben. Also lass ihnen das letzte Wort. Sie wissen sowieso, wenn du Recht hast, du musst es ihnen nicht noch aufs Butterbrot schmieren.
- Sie fordern dich heraus. Das mag dich kribbelig und unbeherrscht machen, aber dann hast du sie verloren.
- Auch wenn ich es wiederhole: Regel 1 der Erziehung ist: „Ruhe bewahren!"
- Und: Ich kann nicht weiter erziehen, als ich selbst bereit bin zu leben.
- Denn: Erziehung ist Vorbild. Und: Erziehung ist Gebet!

Was ist speziell christliche Erziehung?

Christliche, andressierte Verhaltensweisen machen aus einem Menschen keinen Christen. Bestenfalls entsteht so ein christlicher Mensch. Nur eine persönliche Beziehung zu Jesus

Christus kann die Grundlage einer christlichen Erziehung sein.

Grundlage und Ziel christlicher Erziehung ist dabei immer:

1. Die Bibel, Gottes Handbuch zur Erziehung.
2. Standfestigkeit in einer turbulenten Zeit zeigen (vgl. das Kapitel Noah und seine Söhne).
3. Erziehung zur Gottesfurcht:

> *„Versammle das Volk, die Männer und die Frauen und die Kinder und deinen Fremden, der in deinen Toren wohnt, damit sie hören und damit sie lernen und den Herrn, euren Gott, fürchten und darauf achten, alle Worte dieses Gesetzes zu tun! Und ihre Kinder, die es nicht wissen, sollen zuhören, damit sie den Herrn, euren Gott, fürchten lernen alle Tage, die ihr in dem Land lebt.“* 5. Mose 31,12-13

Wir wollen christliche Erziehung an einem Beispiel verdeutlichen, das zugegebenermaßen heute heikel ist:

Was sagt die Bibel über partnerschaftliche Beziehungen Heranwachsender?

Wie können wir unseren Kindern helfen, im Morast der Meinungen ihren Weg nach den Aussagen der Bibel zu finden? Was sagen wir ihnen zu den Fragen:

- Darf man vor der Ehe miteinander schlafen? Wo steht, dass Sexualität nur in die Ehe gehört?
- Was sind die Grundlagen für eine biblische Partnerwahl?
- Warum kann ich nicht einen Ungläubigen heiraten, wenn wir uns doch lieben?
- Müssen Christen nicht tolerant sein? Also lass mich doch so leben, wie ich will.

Ich höre schon die Einwände vieler junger Menschen:

- *„Aber wir lieben uns doch!"* - Ich möchte zurückfragen: Was ist wirkliche Liebe? Ist sie nicht ein Geben und Nehmen? Wie viele verwechseln Eigenliebe mit Liebe, nach dem Motto: Ich liebe mich, und darum brauch ich dich!
  Ist dir schon einmal aufgefallen, dass in der Bibel eigenartigerweise nicht die Liebe als Voraussetzung für eine Ehe genannt wird? Die Liebe ist ein Gefühl, das von vielen Faktoren und Einflüssen abhängig ist. Sie ist nicht unbedingt beständig. Sie ist - so möchte ich sie bezeichnen - das „Sahnehäubchen" auf einer glücklichen Ehe. Grundlage aber für eine festgegründete und glückliche Ehe ist das Wissen, von Gott füreinander bestimmt zu sein! Das trägt auch durch Stürme und Zweifel! Gott muss der „Dritte im Bund" sein, ja, der Mittelpunkt einer glücklichen Beziehung. (Ausführlicheres in meinem Buch „Unsere Ehe soll noch besser werden".)
- *„Ich will selbständig werden. Ich will aus meinen Fehlern selber lernen."* - Dafür gibt es genug Möglichkeiten, Fehler zu machen. Fehler in Beziehungen aber schaden immer auch anderen. Wir sündigen nie für uns allein! Wir tragen Verantwortung für den anderen. Deshalb sollten wir gerade in den partnerschaftlichen Beziehungen möglichst keine Fehler machen.
- *„Du warst früher auch nicht besser!"* - Ja, das ist sicherlich wahr! Aber bitte lerne aus meinen Fehlern. (Es ist überaus wichtig, dass du deinen Kindern erklärst, was du falsch gemacht hast, damit sie aus deinen Sünden lernen können.) Deshalb stehen in der Bibel auch gerade die Fehler der Glaubenshelden, damit wir sie nicht wiederholen. (Siehe die Kapitel über Abraham, Lot, Isaak und Jakob in diesem Buch.)
- *„Kann ich den anderen denn nicht zum Herrn führen?"* - Das

ist sicher ein frommer Wunsch. Aber wenn Gott uns eindeutig auffordert, keine Joch- (d.h. Ehe-)Gemeinschaft mit Ungläubigen zu haben (2. Korinther 6,14), dann können wir nicht erwarten, dass Gott unsere Bitte erhört, wenn wir ungehorsam sind. Überlegen wir einmal: Wie sollen wir eine wirkliche Einheit nach Geist, Seele und Leibe werden, wenn wir nicht auch miteinander beten und die Bibel lesen können? Wie werden wir Kinder gemeinsam erziehen können, wenn wir nicht die gleiche Grundlage und das gleiche Ziel der Erziehung haben? Wie sollen wir sie erziehen, wenn wir nicht gemeinsam für sie beten können?

- *„Wo steht denn, dass Sexualität nur in die Ehe gehört?"* - Nun, das ist nicht schwer zu beantworten. Gottes Wort sagt in 1. Korinther 7,9 *„Wenn sie sich aber nicht enthalten können, so lasst sie heiraten, denn es ist besser zu heiraten, als vor Verlangen zu brennen."*

  Ich denke, dass das keiner Erklärung bedarf. Gott hat ganz bewusst die Sexualität in den Schutzraum der Ehe gelegt. Sexualität kann und darf nicht losgelöst von der Verbindlichkeit der Ehe gesehen werden. Die Bibel bezeichnet jede vor- oder außereheliche Sexualität als Unzucht bzw. Hurerei. Ich weiß, dass dies nicht der allgemeinen Moralauffassung entspricht, aber ich vertraue Gottes Hinweisen, da er besser weiß, was für unser Glück zuträglich ist.

Kann ich meinen Kindern die Schönheit und das Wertvolle einer christlichen Ehe deutlich machen?

Ich sagte bereits, dass Erziehung nicht erst in der Zeit der Pubertät unserer Kinder beginnt, sondern weit vorher in unserer eigenen Ehe. Wenn wir in unserer Ehe unseren Kindern von klein auf zeigen, wie Gott sich die Ehe gedacht hat (Epheser

5,22-33), und wenn wir für sie von klein auf gebetet haben, dann brauchen wir uns vor der Zeit der Pubertät unserer Kinder keine Sorge zu machen.

Gott hat die Ehe gestiftet und gibt uns damit die Möglichkeit und das Geschenk

a) einer geistlichen Gemeinschaft,
b) einer geistigen Gemeinschaft,
c) einer seelischen Gemeinschaft,
d) und einer leiblichen Gemeinschaft.

In 1. Mose 2,24 macht er deutlich, wie das geschieht:

> *„Darum wird ein Mann seinen Vater und seine Mutter verlassen und seinem Weibe anhangen, und sie werden ein Fleisch sein."*

Zur Ehe gehört also nach den Gedanken Gottes:

1. Vater und Mutter verlassen (das ist der öffentliche Aspekt),
2. seiner Frau anhangen (das ist der Aspekt der Beziehung),
3. ein Fleisch werden (das ist der sexuelle Aspekt). Wie gesagt: Gott gibt der Sexualität einen besonderen Schutzraum, und auch die Scham ist ein Schutz der persönlichen Intimität.

Heute stehen diese Prinzipien Gottes auf dem Kopf. Wundert es uns da, dass jede dritte Ehe geschieden wird?

Was haben wir unseren Kindern zu vermitteln?

Der Umgang mit der Sexualität unterliegt zunächst geistlichen Prinzipien, die wir gerade in der Zeit der Teenager zu lernen haben, bevor wir in der Ehe vom Ich zum Du und zum Wir gelangen. Wir können ihnen als Eltern erzählen, dass auch wir selbst damit Schwierigkeiten gehabt haben. Auch wir haben lernen müssen, dass wir nicht aus eigener Kraft damit fertig geworden sind und fertig werden. Wir brauchen dazu die Hilfe Gottes.

Anhand von Römer 7 - 8 können wir ihnen erklären, wie wir siegreich leben können und den Versuchungen nicht erliegen müssen (vgl. mein Buch „Fütter den Adler!" - Wie kann ich siegreich leben). Mit 2. Timotheus 2,22 können wir aufzeigen wie wir mit den inneren Kämpfen fertig werden.

> *„Die jugendlichen Lüste aber fliehe; strebe aber nach Gerechtigkeit, Glauben, Liebe, Frieden mit denen, die den Herrn anrufen aus reinem Herzen."*

Vielleicht kannst du ihnen erzählen, wie Gott dir geholfen hat, Selbstbefriedigung und unsaubere Gedanken zu überwinden. Hilf deinen Kindern, dass ihnen klar wird:

a) Wir dürfen danken für das Geschenk der Sexualität.
b) Wir dürfen bitten um die Beherrschung der Lust (Jakobus 1,14).
c) Und wir dürfen lernen, vor Gefahren zu fliehen und unser Augenmerk auf andere Dinge zu lenken (2. Timotheus 2,22).

Warten lohnt sich!

Warum? Mach deinem Teeny schmackhaft, dass Gott für ihn einmal eine glückliche und gesegnete Ehe wünscht. Darum lohnt es, sich für den Ehepartner zu bewahren, den Gott vorgesehen hat, für ihn zu beten und sich rein zu halten, um sauber in die Ehe zu gehen.

Dazu muss dein Teeny wissen: Eine Beziehung ist immer auf Wachstum angelegt. Man kann sie nicht einfach abbrechen und eine neue beginnen.

- *Was geschieht, wenn ich eine Beziehung abbreche und eine neue beginne?* Dann bist du am anderen schuldig geworden. Keiner hat gerne „gebrauchte Ware" oder „Secondhand". Eine Beziehung kann man nicht wegwerfen. Bitte um Vergebung vor Gott und Menschen.

- *Was geschieht, wenn ich eine Beziehung zu früh beginne?* Man kann schwerlich eine Beziehung abbremsen, stoppen oder auf Eis legen. Sie wird wachsen oder erlöschen. Auch hier wirst du leicht schuldig am anderen.
- *Was geschieht, wenn ich in einer Beziehung zu weit gehe?* Bedenke: Selbst wenn aus der Beziehung eine Ehe wird, du gehst mit Belastung und Schuld in eine Ehe. Tue Buße und bitte um Vergebung, damit du eine saubere Grundlage legst.

Die 7 Schlüssel zu einer glücklichen Ehe:

1. Lebe moralische Reinheit bis zur Ehe.
2. Frage Gott nach dem richtigen Partner. Welche gemeinsame Grundlage und welche Ziele habt ihr? Seid ihr von Gott füreinander bestimmt? Woran könnt ihr das erkennen?
3. Verlass Vater und Mutter. Denk über die Konsequenzen nach.
4. Steh zu deinem Ehepartner! Was bedeutet dir deine Treue?
5. Ordne dich als Frau deinem Mann freiwillig unter. Das mag gegen den Zeittrend sein, aber es lohnt sich (Epheser 5,22-33).
6. Übernimm als Mann die volle Verantwortung für die Familie in geistlicher und wirtschaftlicher Weise.
7. Praktiziere stets vergebende Liebe (Epheser 4,32).

Mach deinem Teeny klar und leb es ihm vor: Das Besondere einer Ehe von Christen ist das gemeinsame Gebet und das gemeinsame geistliche Leben.

Fragen zum Nachdenken:
- Wann war ich mit meinem Teeny zuletzt im Gespräch?
- Haben wir ihm vorgelebt, zu was wir ihn erziehen möchten?

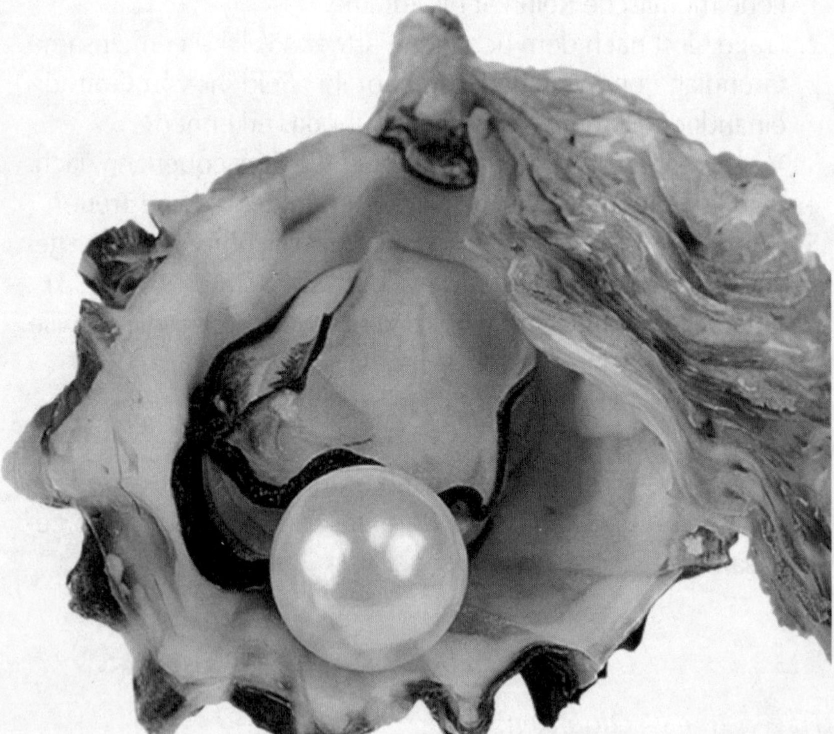

23.

Sind Tugenden heute veraltet?

Sind Anstand und Höflichkeit uncool?

William MacDonald hatte in der Gemeinde ein Seminar gehalten. Die Tochter seiner Gastgeber fuhr ihn ins Quartier. Vor dem elterlichen Haus hielt sie ihm, dem Älteren, das Gartentürchen auf und bedeutete ihm, vor ihr einzutreten. William aber blieb vor dem Törchen stehen. Mit einer galanten Handbewegung sagte er: „O no, Ladies first. Jesus was a gentleman, too."

Wie würdest du reagieren? Du betrittst mit deinen Kindern einen Autobus. Sofort stürmen sie hinein, um sich die drei letzten freien Fensterplätze zu sichern. Mit dir ist eine ältere, gehbehinderte Dame eingestiegen. Würdest du

a) deine Kinder sofort auffordern, ihre Plätze zu räumen?
b) eines deiner Kinder auf den Schoß nehmen, damit ein Platz frei wird?
c) so tun, als seien das nicht deine Kinder, und zum Fenster hinausschauen?
d) würden deine Kinder von sich aus der Dame einen Platz anbieten?

Ein Zitat, das mir in der letzten Zeit begegnete, machte mich erschrocken: „Fleiß, Ehrlichkeit, Disziplin sind Werte, mit denen man ein Konzentrationslager führen kann. Sie passen nicht mehr in unsere Zeit!" Man wagt kaum, den Verfasser dieser Aussage zu nennen: Oskar Lafontaine.

Wie anders hört sich dieses Zitat an: *„Vor einem grauen Haupt sollst du aufstehen"* (3. Mose 19,21).

Sind Tugenden veraltet? Viele haben von früher den Eindruck: Gehorsam, Disziplin und Ordnung wurden nach dem Schema gelebt: nach oben buckeln, nach unten treten. Von daher waren diese Art von Tugenden verpönt. Die 68er-Generation versuchte stattdessen mit ihrer Emanzipations- bzw. Anti-Pädagogik, ohne Zwang, Druck, Macht und Gehorsam auszukommen. Doch dienten sie eher als Deckmantel der eigenen Erziehungs-Unfähigkeit.

Was sind Tugenden und was sind biblische Tugenden?

Tugenden sind positive Eigenschaften, die das Zusammenleben der Menschen erleichtern und zur Würde des Menschen gehören. Sie sind nicht angeboren, sie müssen erlernt und anerzogen werden. Sie helfen, um ein Staatswesen funktionsfähig zu halten. Sie lassen eine Familie lebens- und liebenswert werden und können eine Gemeinde lebendig halten. Viele Tugenden sind durch die bestehende Kultur eines Volkes geprägt. Biblische Tugenden vermitteln die Eigenschaften Gottes.

Wir leben in einer Zeit, in der kaum mehr nach Gott und seinen Moral- und Wertvorstellungen gefragt wird. So ist es nicht verwunderlich, dass auch die Tugenden in unserem Volk immer weniger gefragt sind. Jeder ist sich selbst der Nächste. Egoismus aber widerstrebt den Tugenden, die das Wohl des anderen im Blick haben.

Welche Tugenden gibt es?

Auf einer Familienfreizeit wurden bei einer Bibelarbeit folgende Tugenden zusammengetragen (Diese Auflistung erhebt nicht den Anspruch auf Vollständigkeit, auch ist die Reihenfolge der Nennung keine Wertigkeit):

Tugenden, die in unseren Familien förderlich wären:
Humor - Liebe - gutes Benehmen - Treue - guter Umgangston - Achtung - Vertrauen - Gehorsam - Respekt - Ordnung - Fleiß - Verantwortungsbewusstsein - Durchhaltevermögen.

Tugenden, die in unseren Gemeinden förderlich wären:
Fleiß - Eifer - Demut - Freundlichkeit - Ordnungssinn - Offenheit - Freudigkeit - Freundlichkeit - Gastfreundschaft - Strebsamkeit - Pünktlichkeit - nicht übereinander reden - Barmherzigkeit.

Tugenden, die in unserer Gesellschaft förderlich wären:
Disziplin - Gottesfurcht - Ehrlichkeit - Hilfsbereitschaft - Höflichkeit - Toleranz - Dankbarkeit - Genügsamkeit - Teilen können - Uneigennutz - Rücksichtnahme.

Welche Tugenden nennt die Bibel?

Zum eine werden folgende Charaktereigenschaften genannt:

- Philipper 2,3b — Demut
- Sprüche 30,17 — die Eltern ehren
- 1. Timotheus 5,1-2 — gesitteter Umgang untereinander
- 1. Timotheus 6,8 — Genügsamkeit
- Matthäus 5,37 — Ehrlichkeit, Eindeutigkeit
- Matthäus 5,39 — Duldsamkeit, Geduld
- Sprüche 6,6-11 — Fleiß

Es gibt sicher noch mehr, die wir wieder einüben sollten.

Zum anderen finden wir Tugenden, die uns als Frucht des Geistes in unserem Leben vorgestellt werden (Galater 5,22), als Kontrast zu den Werken des Fleisches, also den Eigenschaften des normalen Menschen (Galater 5,19-21):

> *„Die Frucht des Geistes aber ist: Liebe, Freude, Friede, Langmut, Freundlichkeit, Güte, Treue, Sanftmut, Enthaltsamkeit."*

Ich habe den Eindruck, dass - obwohl die biblischen Tugenden in unserer Gesellschaft, unseren Familien und unseren Gemeinden immer mehr auf dem Rückzug sind - man die einzelnen Tugenden keinem Menschen erklären muss: Jeder weiß, was damit gemeint ist. Die Frage ist nur, ob wir sie wieder bewusst praktizieren wollen.

Hier merken wir, wie wenig wir dabei durch eigene Anstrengung vollbringen können. Voraussetzung für das Wachstum der Früchte des Geistes ist, dass wir uns durch den Geist Gottes in unserem Leben führen lassen, dann sind Früchte die logische Folge davon. Das heißt: Biblische Tugenden entstehen in unserem Leben durch eine echte, gelebte Beziehung zu unserem Herrn.

Das beste Vorbild für Tugenden ist der Herr Jesus.
Er hatte die besten Charaktereigenschaften!

Schauen wir uns den Herrn Jesus an:

- Er war barmherzig, voll Mitgefühl.	Matthäus 9,31
- Er war selbstlos, er gab alles, er gab sich selbst. *„Nicht mein, sondern dein Wille geschehe ..."*	Lukas 22,42
- Er übte bewussten Verzicht.	Philipper 2,5-9
- Er war arm, obwohl ihm alles gehörte.	Matthäus 8,20
- Er liebte seine Feinde.	Lukas 23,34
- Er achtete die Verachteten.	Johannes 4,7 ...

Wie vermittle ich meinen Kindern Tugenden?

- Das erste und beste biblische Prinzip ist immer das Vorbild, das wir durch unser Leben abgeben (vgl 2. Timotheus 3,10):

  „Du aber bist meiner Lehre (genau) gefolgt, meinem Lebenswandel, meinem Vorsatz, meinem Glauben, meiner Langmut, meiner Liebe, meinem Ausharren, meinen Verfolgungen, meinen Leiden."
- Zweitens durch unser Reden, Zeigen, Einüben.
- Drittens durch das Lesen des Wortes Gottes (vgl 2. Timotheus 3,16): *„Alle Schrift ist von Gott eingegeben ..."*
- Viertens durch das häufige Beschäftigen mit der Person Jesu (vgl 2. Korinther 3,18 *„Die Herrlichkeit des Herrn anschauend, werden wir verwandelt in sein Bild").*

Sicher merken wir, dass die Vermittlung biblischer Tugenden nicht eine Sache der Dressur ist, sondern des Herzens. Unser Anliegen und Gebet für uns und unsere Kinder sollte deshalb sein, unserem Herrn in seinem Wesen ähnlicher zu werden. Lasst uns dafür vermehrt beten.

Fragen zum Nachdenken:
- Ist mein Leben von dem Vorbild des Herrn Jesus geprägt?
- Können unsere Kinder aus unserem Leben die biblischen Tugenden ablesen?

24. Erziehung zur Gemeinde - wie macht man das?

Wie werden Kinder in die Gemeinde integriert?

Sonntagmorgen. Es ist gegen 9 Uhr. In den Häusern der Christen machen sich Eltern und Kinder mehr oder weniger hektisch bereit, zur Gemeindestunde zu gehen ...

Szene 1: „Simone", flötet die Mutter zum Kinderzimmer im ersten Stock hinauf, „ möchtest du heute mit zur Gemeinde gehen oder bleibst du lieber zu Hause?" - „Ach nö, Mutti", ruft es herunter, „ich glaub', ich hab heut keine Lust. Und außerdem muss ich wohl noch Schulaufgaben machen ..."

Szene 2: „Fritz, nimm die Kinder bitte mit zur Gemeinde, damit sie nicht immer um mich herum sind. Wir bekommen ja heute Besuch, und ich muss noch das Mittagessen vorbereiten ..."

Szene 3: „Papa! Ich will nicht mit zur Versammlungsstunde!" - „Schluss jetzt mit dem Geheule! Halt den Mund! Keine Widerrede: Du gehst mit! Ich musste schließlich als Kind auch immer mitgehen, und dabei bleibt es! Basta!"

Szene 4: „Papi", protestiert der Dreikäsehoch und stampft

mit dem Fuß auf, „wenn ich mal groß bin und du klein, dann sag ich dir auch ‚Du musst mit in die Gemeinde!', auch wenn du gar nicht willst ...!"

Ob man diese Szenen aus dem Leben noch kommentieren muss? Ob hier einem der Kinder Gemeinde lieb gemacht wird? Eine häufig gestellte Frage dagegen ist: „Sollte man seine Kinder zwingen, mit zur Gemeindestunde zu gehen oder sollten sie sich lieber selbst frei entscheiden?"

Ich möchte mir eine andere Frage stellen: „Wie kann ich meinen Kindern ‚Appetit' auf die Gemeinde machen?"

Was sagt die Bibel? Was sind die Ziele meiner Erziehung?

Da die meisten von uns mit Sicherheit keine großen irdischen Güter ihren Kindern vererben können, und nichts unbeständiger ist als die irdischen Güter, stellt sich bei der Erziehung der Kinder die Frage: Was werden wir unseren Kindern an wirklich echten Werten für ihr Leben mitgeben können, was hat Bestand?

Mir ist in den letzten Jahren der Vers 4 aus 3. Johannes überaus wichtig geworden: *„Ich habe keine größere Freude als dies, dass ich höre, dass meine Kinder in der Wahrheit wandeln."*

Was können wir unseren Kindern Besseres mitgeben als ihnen zu vermitteln, wie absolut wichtig die persönliche Lebensübergabe an den Herrn Jesus und die Vergebung der Sünden ist, und ihnen die „Gemeinde des lebendigen Gottes" als die von Gott uns geschenkte Heimat hier auf der Erde schmackhaft zu machen.

Doch um das vermitteln zu können, um die Gemeinde des lebendigen Gottes wie eine kostbare Perle in die Herzen der

Kinder legen zu können, ist es notwendig, dass wir selbst den herrlichen Wert der Gemeinde erkennen.

Ich kann nicht weiter erziehen, als ich selbst bin!

Wie oft sehen wir nur die negativen Seiten der örtlichen Gemeinde und alle Schwächen der Geschwister, wie oft reden und handeln wir dann auch dementsprechend, selbst vor den Ohren und Augen unserer Kinder. Ist es da ein Wunder, wenn sie in der Gemeinde kein Zuhause finden?

Ich muss mir deshalb die Frage stellen, ob ich das rechte Gemeindeverständnis habe. Ist der Herr Jesus wirklich der Mittelpunkt meines Lebens? Was ist mir mein Herr und Heiland wert? Was ist mir sein Wort wert? Was sind mir die Geschwister wert, die er sich erkauft und zu Kindern Gottes gemacht hat wie mich (1. Johannes 3,16)? Was ist mir die Gemeinde wert, die er sich durch sein Blut erworben hat (Apostelgeschichte 20,28)?

Welch ein Wunder ist die Gemeinde!

- Er selbst baut diese seine Gemeinde (Matthäus 16,18) und aus was für einem Material! Aus erlösten Sündern (1. Petrus 2,5)!
- Sie gehört ihm, denn sie ist mit seinem Blut erkauft (Apostelgeschichte 20,28).
- Sie ist seine Braut! Er liebt sie! Und er wacht eifersüchtig über sie, er pflegt sie, ja, er opfert sich für sie auf (Epheser 5,25)!
- Hier ist er in der Mitte (Matthäus 18,20), hier ist er zu Hause!
- Hier dürfen auch wir zu Hause sein und Gemeinschaft mit ihm und untereinander haben.

- Hier werden wir belehrt, getröstet, ermuntert, gestärkt, erbaut und korrigiert.
- Hier dürfen wir ihn loben, ihn preisen und anbeten.
- Hier dürfen wir gemeinsam und für andere beten, danken, bitten.

Welch einen Stellenwert hat die Gemeinde für mich?

Machen wir uns klar: Mein Verhältnis zur Gemeinde spiegelt mein Verhältnis zu Gott wider! Mein Verhältnis zur Gemeinde spiegelt aber auch mein Verhältnis zu meinem Ehepartner wider (Epheser 5, 22-33)!

Erleben meine Kinder, dass ich in der Gemeinde zu Hause bin? Erleben sie meine Mitarbeit als Freude oder als Belastung? Wie erleben sie meinen Umgang mit den Geschwistern, wie meine Gastfreundschaft? Wie erleben sie das Reden über die Geschwister, über die Gemeindestunden und Gemeindeangelegenheiten? Erleben sie meine Fürbitte für die Geschwister mit und sehen sie meine tätige Anteilnahme?

Nehmen wir uns Noomi zum Vorbild eines gelebten, überzeugenden Glaubens (Rut 1). Oder Hanna (1. Samuel 1), die ihren Sohn betend zu Gott hin erzog und ihn zum Haus Gottes brachte. Denken wir an die Eltern von Mose, Aaron und Mirjam, deren Erziehung in schwieriger Zeit diese drei Kinder zu brauchbaren Werkzeugen für Gott machte (2. Mose 2). Schauen wir uns Lois und Eunike an (2. Timotheus 1,5) oder Philippus (Apostelgeschichte 21,8-9); sie alle wollen uns Mut machen, ein gutes Vorbild für unsere Kinder zu sein, damit sie zum einen schon früh den Herrn Jesus als persönlichen Herrn erfahren und zum anderen ihre geistliche Heimat in der örtlichen Gemeinde finden und zu brauchbaren Mitarbeitern

Gottes werden. Ja, Erziehung der Kinder und Erziehung zur Gemeinde ist „Kniearbeit“!

„Herr, gib uns die Gnade, unsere Kinder zu dir und zur Gemeinde hin zu erziehen!“

Fragen zum Nachdenken:

- Wie wichtig ist mir die Gemeinde? Sind wir da zu Hause?
- Arbeite ich in der Gemeinde mit, oder bin ich nur Konsument?
- Bietet unsere Gemeinde altersgerechte Stunden für die Kinder an? Sollte ich da mitarbeiten?

25.

Familienandacht, wie macht man das?

Gute Ernährung für geistliches Wachstum

Zum Abschluss noch ein praktisches Thema, das die gute geistliche Ernährung unserer Familien betrifft: Familienandacht. Nein, keine gähnende Langeweile, sondern geistliche Vollwertkost.

Wenn ich an „Familienandacht“ denke, kommen mir die abendlichen Zusammenkünfte im Haus eines Freundes in Erinnerung. Während meiner Schulferien habe ich ihn einige Male besucht. Nach dem Abendessen verlas der Vater des Freundes jeweils ein Kapitel aus der Bibel, dann ging die ganze Familie im Wohnzimmer auf die Knie und der Vater betete eine geschlagene Stunde alle Anliegen der Familie, der Gemeinde, der Weltgeschichte und der Mission durch. In der Regel waren wir Kinder währenddessen alle eingeschlafen und empfanden die abendliche „Andacht“ als Martyrium.

Nein, solche „Andachten“ meine ich nicht. Vielmehr solche, bei denen wir als Eltern mit unseren Kindern über das Wort Gottes ins Gespräch kommen. Und das kann ganz unterschiedlich geschehen. Vor allen Dingen sollte es kein frommer Krampf sein, sondern so fröhlich normal, wie ihr in eurer Familie hoffentlich seid.

Warum überhaupt Familienandacht?

Darauf gibt Gott uns in seinem Wort klare Antwort. Als die Kinder Israel aus Ägypten flohen, hatte Gott den Vätern die Aufgabe der religiösen Erziehung ihrer Kinder mitgegeben:

> *„Wenn euch eure Kinder fragen werden ..."* 2. Mose 12,26;
> *„Und du sollst (die Worte, die ich dir heute gebiete), deinen Kindern einschärfen, und du sollst davon reden, wenn du in deinem Haus sitzt und wenn du auf dem Weg gehst, wenn du dich hinlegst und wenn du aufstehst."* 5. Mo 6,7 (vgl. 5. Mose 4,9-10; 4,40; 5,29; 6,7; 11,19; 12,25.28; 31,12-13; Josua 4,6; 8,35)

Du musst weiter sein als deine Kinder!

Ein israelitischer Vater musste also seinen Kindern die Fragen beantworten können, die bei ihnen in Bezug auf Gott, das Gesetz und die Geschichte aufkamen. Das heißt: Wenn du deinen Kindern ihre Fragen beantworten willst, musst du auf jeden Fall weiter sein als sie! Da stellt sich natürlich die Frage nach deinem eigenen geistlichen Wachstum. Hast du selbst Hunger nach dem Wort Gottes?

Vor einiger Zeit kam eine junge Mutter zu meiner Frau und fragte sie: „Wie kann ich meinen Kindern die Fragen beantworten? Sie stellen so viele Fragen nach Gott und Tod und was danach kommt. Ich weiß da keine Antwort. Wo kann ich sie finden?" Kann das nicht eine Chance sein, in unseren Gemeinden Fragestunden für junge Eltern einzurichten, damit sie lernen, ihren Kindern anhand der Bibel Antwort geben zu können?! Kinder stellen existentielle Fragen. Als unser Neffe mit 4 Jahren starb, waren die Themen „Sterben" und „Himmel" Dauerbrenner bei unseren Tischgesprächen mit unseren Kindern: „Papa, wie hat der Herr Jesus den Bennie in den Himmel geholt?", „Wie sieht es da oben im Himmel aus?", „Kann Bennie uns jetzt sehen?", „Sind die Zimmer im Himmel aus Wolken?" ...

Das Vorbild der Eltern vermittelt unseren Kindern das Bild, das sie von Gott haben werden

Welches Gottesbild vermitteln wir durch unser Verhalten? Ist es grenzenlose Liebe, Macht, Autorität? Merken wir, welche Verantwortung wir durch unser Leben haben? Sprecht als Ehepaar darüber und lasst euch korrigieren.

Das „Wann" der Familienandacht

Macht keine krampfhafte Form daraus, sondern seid so fröhlich normal, wie sonst auch. Die Familienandacht sollte möglichst nach einem gemeinsamen Essen der Familie stattfinden. Das muss sicherlich je nach dem Beruf des Vaters und den Schulstundenplänen der Kinder sowie je nach Alter des Kindes variabel sein. Doch ist es für Kinder sehr wichtig, dass sie eine möglichst kontinuierliche Regel haben.

Das „Wie" der Familienandacht

1. *„Erziehe den Knaben seinem Alter gemäß!"* (Sprüche 22,6). Das bedeutet also, Gott möchte, dass du altersgemäße Belehrung weitergibst! Paulus macht klar: Es gibt in der geistlichen Ernährung Milch, aber auch feste Speise (1. Korinther 3,1).
   - *Das Kleinkindalter* (Hier werden einfache biblische Geschichten erzählt).

- *Das Fragealter* „Warum ...?" Lass dich von den Fragen deiner Kinder löchern! Es gibt keine dummen Fragen. Wenn du eine Frage nicht beantworten kannst, sag es dem Kind und mach dich sachkundig.
- *Das Trotzalter* „Ja, aber ..." Ablösung und erste Abnabelung bedingt, dass Kinder auch andere Bezugspersonen fragen. („Die Kindergärtnerin sagt aber ...")
- *Das Schulalter* Die Lernphase - hier ist es wichtig, dass wir wissen, was die Kinder in der Schule gerade durchnehmen, um Fragen beantworten zu können.
- *Die Pubertät* Sie ist häufig eine kritische Phase der Auflehnung. Unsere Kinder müssen merken, dass wir sie ernst nehmen und lieb haben. Sie sollten lernen, selbst Antworten anhand der Bibel zu erarbeiten.

Bei allem sollten wir darauf achten, dass wir kindgemäße Antworten geben. Versetz dich in dein Kind hinein und versuche, es zu verstehen. Ich bin bis heute sehr dankbar, dass ich meinen Vater mit allen Fragen löchern konnte. Meine Mutter sagte manchmal: „Eberhard, wie kannst du nur so fragen, du bist doch gläubig." Aber Vater antwortete immer: „Lass ihn fragen, er wills wissen!" Deshalb: Lass dich löchern!!! Geh auf jedes Kind individuell ein.

Und das Gebet?

Und dann die Frage: Wie haltet ihr es nach der Andacht mit dem Gebet? Auch hier solltet ihr dem Alter der Kinder entsprechend das Gebet halten. Betet so, dass die Kinder es verstehen und dass ihre Fragen und Probleme mit eingeschlossen werden. Schon sehr bald haben wir unsere Kinder ermuntert, dann selbst zu beten. So haben wir nach jeder Andacht eine kurze Gebetsgemeinschaft gehabt. Dabei beteten die Kinder dem Alter nach, angefangen vom Jüngsten bis zum Ältesten, dann Mutter und Vater. Wenn ein

Kind nicht beten wollte, haben wir ihm die Freiheit gelassen. Es wurde eine kurze Pause gemacht, so dass das Kind ohne Schwierigkeiten einsteigen konnte, wenn es wieder beten wollte.

Hilfen für die Familienandacht

- Eine gute Kinderzeitschrift (z.B. „Der Freund der Kinder", damit könnte man die Kinderstunde/Sonntagsschule nacharbeiten)
- Ein Bibellesezettel (z.B. vom Bibellesebund oder Kinderandachtsbücher, dem Alter entsprechend, z.B. „Voll cool", „Echt stark", CV-Dillenburg)
- Ein „Stille-Zeit-Heft", um zum Selbsterarbeiten anzuregen
- Kinderbibel (Anne deVries), Erzählbuch biblischer Geschichten, Kindermalbibel
- Bibellesen - geeignete Texte aussuchen und von den Kindern selbst vorlesen lassen. Fragen stellen lassen, gemeinsam ein Lied singen.

Lernziele:
- Die Person des Herrn Jesus lieb machen, damit sie ihr Leben Jesus Christus anvertrauen.
- Die Aussagen der Bibel im kindlichen Leben umsetzen lernen. Das heißt z.B.: Wie kann ich wahrhaftig leben?
- Den Umgang mit anderen lernen. Ich bin nicht allein auf der Welt. Das Thema Innen- und Außenmission.
- Wie werde ich mit Schwierigkeiten fertig (in Schule und Beruf).
- Überblick über die Inhalte der Bibel.

Fragen zum Nachdenken:
- Wie können wir in unserer Familie eine regelmäßige Andacht praktizieren?
- Bin ich offen für die Fragen meiner Kinder?

Anhang

Wenn Vater und Sohn Freunde werden

(Unser Jüngster berichtet)

„Und er wird das Herz der Väter zu den Söhnen und das Herz der Söhne zu ihren Vätern umkehren lassen." Maleachi 3,24

Kann ein Vater auch ein Freund sein? Der Erziehungsberechtigte, der mich während eines Viertels meiner voraussichtlichen Lebenserwartung beobachtet und korrigiert hat? Der Mensch, der mir in meiner Kindheit so viel verboten hat und der auch immer stärker war als ich?

Ja. Das geht! Das natürliche Feindbild, das sich einstellt, sobald man mit Eltern, Lehrern, Polizisten und Vorgesetzten zu tun hat, bröckelt sehr, wenn man das Ganze aus einem anderen Blickwinkel sieht. Lange hat es gedauert, bis mir bewusst wurde, wie sehr mich mein Vater liebt. Denn ein Kind versteht nicht unbedingt von selbst, dass es von seinen Eltern geliebt wird. Sie gaben alles für mich: eine Erziehung nach guten christlichen Maßstäben, Essen, saubere, und immer wenn nötig, neue Kleidung, ein eigenes Zimmer und ein durchaus angemessenes Taschengeld. Dazu kommt bei weitem noch mehr, wenn man ein bisschen überlegt. Ich bekam Zuneigung und Anerkennung. Dennoch ist mir nicht oft wirklich bewusst gewesen, was ich an meinen Eltern hatte und habe. Tatsächlich habe ich erst so richtig begriffen, was es heißt, einen Vater zu haben, als ich begann, mich abzukapseln und auf eigenen Füßen zu stehen. Am meisten noch habe ich meinen Vater schätzen gelernt, als ich heiratete und bemerkte, was es heißt, eine gute Ehe und eine harmonische Atmosphäre im Haus zu haben. Ich habe meine Eltern nie in meinem Beisein streiten gehört, noch konnte ich irgendwann größere Meinungsverschiedenheiten zwischen ihnen feststellen, auch als ich versuchte, mich im Nachhinein daran zu erinnern. Das mag offenbar selten sein in heutiger Zeit, und das ist einer der Punkte, der mich große Achtung und Bewunderung für meine Eltern gelehrt hat.

In der Tat wurden mein Vater und ich erst richtig Freunde, als ich selbst die Reife hatte, in gewisse Denkprozesse und Sorgen meines Vaters hineinzublicken. Es erfüllt mich mit Stolz, wenn mein Vater zu mir kommt und mir von seinen Überlegungen, Plänen und Nöten erzählt, weil ich spüre, dass dies ein großer Vertrauensbeweis ist. Natürlich, dies geschah noch nicht in meiner Kindheit. Ein Kind wird viel zu sehr davon belastet und müsste sich in eine Rolle begeben, die es als Kind nicht erfüllen kann. Aber als ich erwachsen wurde, begann ich zu verstehen, dass auch mein Vater sich Sorgen macht. Über Fragen der Gemeinde, berufliche oder finanzielle Dinge. Und dass er Träume hat. Dass er eigentlich immer noch gerne an seiner Modelleisenbahn basteln würde und mehr oder weniger leidenschaftlich Briefmarken sammelt, aber dass einfach viel zu wenig Zeit da ist, um allem, den Diensten für Gott, der eigenen Ehe, dem Beruf und den persönlichen Freizeitvorlieben (in dieser Reihenfolge) gerecht zu werden.

Als Kind bekam ich sehr viel Lob, etwa wenn ich eine gute

Note in der Schule bekommen oder irgendetwas gebastelt hatte. Das habe ich immer genossen und sogar heute noch ist mein Vater einer der Ersten, an die ich denke, wenn mir etwas gut gelungen ist.

Durch diese Erlebnisse und auch durch das Erkennen seiner Schwächen, und wie er damit umgeht, habe ich meinen Vater lieben gelernt. Und zwar anders, als ein kleines Kind seinen Daddy liebt, wenn es sich von der Mauer herab in seine kräftigen Arme wirft, in dem blinden Vertrauen: „Der Vater wird's schon richten." Sondern vielmehr mit Anerkennung und Achtung, durch sein Vorbild und seine Art, mich auch um Hilfe zu bitten. Das kannte ich früher nicht: dass mein Vater mich um Rat fragt oder mir zutraut, seine Artikel Korrektur zu lesen. Ich war ja während meiner gesamten Kindheit und Jugend darauf angewiesen, um Tipps und Meinungen zu fragen. Aber dann kam z.B. die Zeit der Computer, und auch für meinen Vater wurde es unmöglich, im Beruf auf so eine Kiste zu verzichten. Ich interessierte mich schon immer für technische Details und war auf diese Weise in manchen Dingen meinem Vater ein gutes Stück voraus. Dann haben wir Abende verbracht und gebrütet über den neuen, nötigen und durchaus kostspieligen Anschaffungen fürs Büro.

Etwas, was sich nie verändert hat, ist die Eigenschaft meines Vaters, jederzeit gefragt werden zu können. Zu beliebigen Themen, besonders aber, wenn es um biblische Fragen geht. Auch wenn er keine Antwort hat, dann reden wir doch darüber und er denkt weiter darüber nach. Das schätze ich sehr an ihm und so möchte ich selbst gerne sein.

Heute kann ich mit Sicherheit sagen: Ich bin nicht mehr so sehr sein Sohn, jedenfalls nicht so wie früher. Ich stehe jetzt auf eigenen Füßen und muss „allein" durchs Leben. Aber ich bin jetzt viel mehr der Freund meines Vaters. Einer, der sich des guten Vorbildes und der langjährigen Erfahrung in allen Lebensbereichen, des Vorlebens der christlichen Maßstäbe und der Liebe seines Vaters mehr denn je bewusst ist. Ich bin Gott heute sehr dankbar für meine Eltern und die Zeit, die ich bei ihnen leben durfte und ich frage mich, ob ich selbst in der Lage bin, das, was ich gelernt habe, später bei meinen eigenen Kindern einzusetzen.

David, 24 Jahre, seit vier Jahren verheiratet

Bibelstellenregister

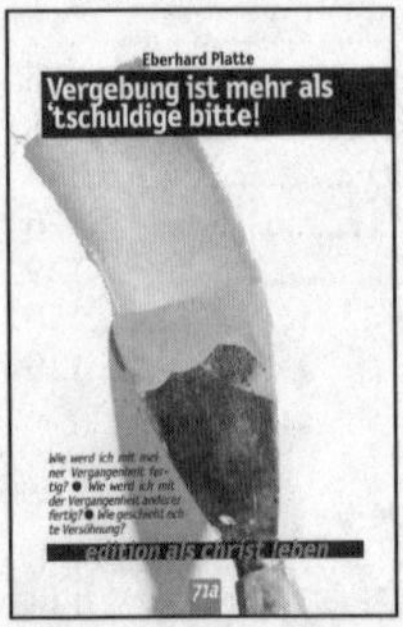

Vergebung ist mehr ...!
Wie geschieht echte Versöhnung?
Pb 80 Seiten, Best.-Nr. 273.364, Preis: € 4,90

„Ich will ja vergeben, aber vergessen kann ich es ihm nicht!" Wie oft haben wir diesen Satz schon gehört - oder sogar selbst gesagt.

Was ist Vergebung wirklich? Was ist Versöhnung? Ein Thema, das uns alle angeht, sowohl in unseren Familien, in den Gemeinden als auch in unserer Nachbarschaft.

Wie kann die oft bekannte Theorie der Vergebung bei uns Praxis werden?

Leben auf dem Pulverfass?
Wie gehen wir mit unseren Gedanken um?
Pb 96 Seiten, Best.-Nr. 273.403, Preis: € 5,90

„Wenn jeder vor der Stirne hätt' ein Fensterlein, dahinter die Gedanken schwirrn und jeder könnte schau'n hinein! Ach was gäb das ein Laufen, um matte Scheiben einzukaufen ..."

Dürfen wir denken, was wir wollen? Sind die Gedanken wirklich frei? Wie können wir unsere Gedanken disziplinieren und unter Kontrolle bekommen?

Ein heikles Thema, das wir oft den Psychologen überlassen und in Gemeinden kaum behandelt wird.

Einführung in die biblische Seelsorge
Psychotherapie und biblische Seelsorge
Pb 160 Seiten, Best.-Nr. 273.402, Preis: € 8,90

„Schlechte Therapie kann aus einem Hilfe suchenden Menschen binnen Wochen einen Psychokrüppel machen" (Christof Fasel in Stern 27/95). Laut einer Studie der WHO leidet in den westlichen Industrieländern jeder 4. Patient eines Hausarztes an psychischen Störungen. In der BRD gibt es ca. 20.000 Therapeuten, die über 600 Therapieformen anbieten ...
Was sagt die Bibel zum Thema Therapie und Seelsorge?

Sprechstunde bei Jesus
Der Sohn Gottes als Seelsorger
Pb (in Vorbereitung)

Was ist, wenn man niedergeschlagen und depressiv ist? Wie hilft man okkult belasteten Menschen? Braucht ein selbstbewusster Egoist Seelsorge? Wie geht man in der Seelsorge mit Randgruppen um? Ist Seelsorge Sache von Spezialisten oder Aufgabe der Gemeinde? Christliche Psychotherapie hat Hochkonjunktur. Wer lernen will, was biblische Seelsorge ist, muss bei Jesus Christus in die Lehre gehen.

Unsere Ehe soll noch besser werden
Zu Besuch bei Ehepaaren der Bibel
Pb 204 Seiten, Best.-Nr. 273.362, Preis: € 9,90

Merkwürdig: Für jede berufliche Tätigkeit macht man eine Ausbildung und nimmt an Fortbildungsmaßnahmen teil; nur in die Ehe schlittern viele völlig unvorbereitet nach dem Motto: „Wir schon schief gehen!" Wen wundert es noch, dass es dann schief geht ...?

Dieses Buch entstand, weil dieses Thema ein Tabu in vielen Gemeinden ist. Kaufen Sie es am Büchertisch Ihrer Gemeinde für ein anderes Ehepaar, aber lesen Sie es selbst ...

Mutig erziehen -
von Familien der Bibel lernen
Pb 208 Seiten, Best.-Nr. 273.404, Preis: € 9,90

Da spielen einige Kinder „Vater, Mutter, Kind". Es geht um die Verteilung der Rollen. „Nein", sagt Sascha, „ich bin nicht das Kind, da muss ich nur tun, was ihr wollt. Ich bin der Vater!" - „Pah", wirft Ines ein, „du willst ja nur faul im Sessel sitzen und dich bedienen lassen."

Welches Bild haben unsere Kinder von der Familie und wie können wir sie zu dem hin erziehen, der sie uns anvertraut hat - Gott?

Darüber spricht man nicht
Tabuthemen bei Christen? Pb (in Vorbereitung)

Oft scheint der Spruch zu gelten: „Es kann nicht sein, was nicht sein darf." Und deshalb wird es verschwiegen. Doch dadurch wird keinem geholfen. Wir müssen lernen, über heikle Themen ins Gespräch zu kommen, um uns gegenseitig als Christen helfen zu können bzw. uns helfen zu lassen. Dieses Buch bricht das Schweigen über sexuellen Missbrauch bei Christen, über Alkoholmissbrauch, über die Ursachen übler Nachrede, über Hochmut und über Machtmissbrauch in der Gemeinde.

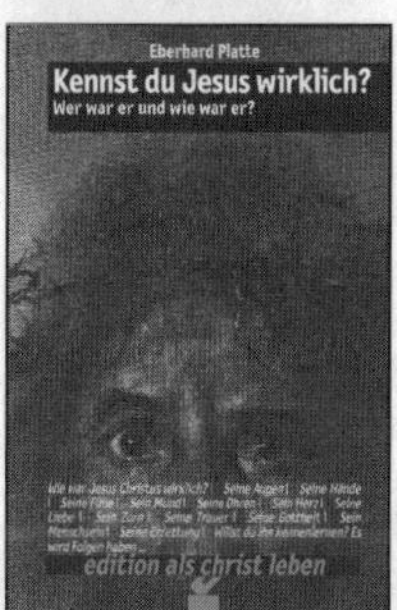

Kennst du Jesus wirklich?
Wer war er, und wie war er? Pb (in Vorbereitung)

Ob er braune Augen hatte, darüber schweigt die Schrift. Ob er klein oder groß war, ist offensichtlich nebensächlich. Aber wie sahen diese Augen die Menschen an und wie waren seine Hände tätig, wie empfand sein Herz , wenn er die Not der Menschen sah. Wir wollen ihn begleiten und ihn kennen lernen. Johannes Bugenhagen, der Freund Luthers, sagt es so: „Hast du Jesus, magst du nichts anderes mehr wissen; hast du Jesus nicht, was nützt dir alles andere Wissen."

Gemeinde im Aufbruch
Zu Besuch in Gemeinden der Bibel
Pb 240 Seiten, Best.-Nr. 273.400, Preis: € 10,90

Wie hat sich Gott die Gemeinde vorgestellt? Stell dir vor, du kommst in eine Gemeinde und keiner kann dir erklären, warum er dazugehört! Stell dir vor, deine Gemeinde wächst! Stell dir vor, es kommt wieder Freude in deine Gemeinde! Stell dir vor, deine Gemeinde wird missionarisch aktiv! Stell dir vor, in deiner Gemeinde verändern sich sogar „faule Bäuche"!

Wie sahen die neutestamentlichen Gemeinden aus und was können wir heute von ihnen lernen?

Heiße Eisen in den Gemeinden?
Fragen, die nur selten offen gestellt werden
Pb 128 Seiten, Best.-Nr. 273.401, Preis: € 7,90

Warum tun sich manche Gemeinden so schwer, biblische Grundsätze zu verwirklichen? Auf der einen Seite möchte man sich dem Trend der Zeit nicht verschließen und als offen und tolerant gelten, auf der anderen Seite soll das Etikett bibeltreu erhalten bleiben. Wie stehen wir zu den heiklen Fragen und wie können wir sie uns und anderen von der Schrift her erklären? Dieses Buch möchte helfen, sich mit den momentan heißen Eisen zu beschäftigen und Stellung zu beziehen.

„Lehre uns beten, Herr!"
Gedanken zum „Vaterunser"
Pb 128 Seiten, Best.-Nr. 273.363, Preis: € 7,90

Beten will gelernt sein. Dabei geht es in diesem Buch nicht um die äußere Form, sondern um den Inhalt - mehr noch: um die Person, zu der wir beten. Beschäftigen wir uns beim Beten mit unserem Gegenüber - oder stehen wir im Mittelpunkt? Selten finden wir in den Gemeinden eine Gebetsatmosphäre, die die Gegenwart des Vaters im Himmel ahnen lässt.

Lernen wir neu, was der Herr Jesus seinen Jüngern auf ihre Frage „Herr, lehre uns beten" vermitteln will.

„Fütter den Adler!"
Wie kann ich siegreich leben?
Pb 88 Seiten, Best.-Nr. 273.361, Preis: € 5,90

Dieses Buch entstand durch die vielfältigen Gespräche mit Menschen, die dem Autor begegneten. Oft wurde er gefragt, wie ein Christ siegreich im Glauben leben kann und nicht dauernd auf die Nase fällt. Er hat viele angetroffen, die hoffnungsvoll im Glauben gestartet sind, aber nach häufigen Niederlagen resignierten und nur noch in einem mageren Christenleben dahinvegetierten. Muss dies das Schicksal so vieler junger Christen sein?